MI RELIGIÓN
Y OTROS ENSAYOS BREVES

COLECCIÓN AUSTRAL
N.º 299

MIGUEL DE UNAMUNO

MI RELIGIÓN

Y OTROS ENSAYOS BREVES

SÉPTIMA EDICIÓN

ESPASA-CALPE, S. A.
MADRID

Ediciones especialmente autorizadas por los herederos del autor para la

COLECCIÓN AUSTRAL

Primera edición: 15 - VIII - 1942
Segunda edición: 20 - XII - 1945
Tercera edición: 16 - III - 1955
Cuarta edición: 3 - VII - 1964
Quinta edición: 1 - VII - 1968
Sexta edición: 14 - II - 1973
Séptima edición: 9 - X - 1978

— Herederos de Miguel de Unamuno, 1942

Espasa-Calpe, S. A., Madrid

—

Depósito legal: M. 30.449—1978

ISBN 84—239—0299—4

Impreso en España
Printed in Spain

Acabado de imprimir el día 9 de octubre de 1978

Talleres gráficos de la Editorial Espasa Calpe, S. A.
Carretera de Irún, km. 12,200. Madrid-34

ÍNDICE

MI RELIGIÓN

Me escribe un amigo desde Chile diciéndome que se ha encontrado allí con algunos que, refiriéndose a mis escritos, le han dicho: «Y bien, en resumidas cuentas, ¿cuál es la religión de este señor Unamuno?» Pregunta análoga se me ha dirigido aquí varias veces. Y voy a ver si consigo no contestarla, cosa que no pretendo, sino plantear algo mejor el sentido de la tal pregunta.

Tanto los individuos como los pueblos de espíritu perezoso —y cabe pereza espiritual con muy fecundas actividades de orden económico y de otros órdenes análogos— propenden al dogmatismo, sépanlo o no lo sepan, quiéranlo o no, proponiéndoselo o sin proponérselo. La pereza espiritual huye de la posición crítica o escéptica.

Escéptica digo, pero tomando la voz escepticismo en su sentido etimológico y filosófico, porque escéptico no quiere decir el que duda, sino el que investiga o rebusca, por oposición al que afirma y cree haber hallado. Hay quien escudriña un problema y hay quien nos da una fórmula, acertada o no, como solución de él.

En el orden de la pura especulación filosófica, es una precipitación el pedirle a uno soluciones dadas, siempre que haya hecho adelantar el planteamiento de un problema. Cuando se lleva mal un largo cálculo, el borrar lo hecho y empezar de nuevo significa un no pequeño progreso. Cuando una casa amenaza ruina o se hace completamente inhabitable, lo que procede es derribarla, y no hay que pedir se edifique otra sobre ella. Cabe, sí, edificar la nueva con materiales de la vieja, pero es derribando antes ésta. Entretanto, puede la gente albergarse en una barraca, si no tiene otra casa, o dormir a campo raso.

Y es preciso no perder de vista que para la práctica de nuestra vida rara vez tenemos que esperar a las soluciones científicas definitivas. Los hombres han vivido y viven sobre hipótesis y explicaciones muy deleznables, y aun sin ellas. Para castigar al delincuente no se pusieron de acuerdo sobre si éste tenía o no libre albedrío, como para estornudar no reflexiona uno sobre el daño que puede hacerle el pequeño obstáculo en la garganta que le obliga al estornudo.

Los hombres que sostienen que de no creer en el castigo eterno del infierno serían malos, creo, en honor de ellos, que se equivocan. Si dejaran de creer en una sanción de ultratumba, no por eso se harían peores, sino que entonces buscarían otra justificación ideal a su conducta. El que siendo bueno cree en un orden trascendente, no tanto es bueno por creer en él cuanto que cree en él por ser bueno. Proposición ésta que habrá de parecer oscura o enrevesada, estoy de ello cierto, a los preguntones de espíritu perezoso.

Y bien, se me dirá, ¿cuál es tu religión? Y yo responderé: mi religión es buscar la verdad en la vida y la vida en la verdad, aun a sabiendas de que no he de encontrarlas mientras viva; mi religión es luchar incesante e incansablemente con el misterio; mi religión es luchar con Dios desde el romper del alba hasta el caer de la noche, como dicen que con Él luchó Jacob. No puedo transigir con aquello del Inconocible —o Incognoscible, como escriben los pedantes— ni con aquello otro de «de aquí no pasarás». Rechazo el eterno *ignorabimus*. Y en todo caso quiero trepar a lo inaccesible.

«Sed perfectos como vuestro Padre que está en los cielos es perfecto», nos dijo el Cristo, y semejante ideal de perfección es, sin duda, inasequible. Pero nos puso lo inasequible como meta y término de nuestros esfuerzos. Y ello ocurrió, dicen los teólogos, con la gracia. Y yo quiero pelear mi pelea sin cuidarme de la victoria. ¿No hay ejércitos y aun pueblos que van a una derrota segura? ¿No elogiamos a los que se dejaron matar peleando antes que rendirse? Pues ésta es mi religión.

Ésos, los que me dirigen esa pregunta, quieren que les dé un dogma, una solución en que pueda descansar el espíritu en su pereza. Y ni esto quieren, sino que buscan poder encasillarme y meterme en uno de los cuadriculados en que colocan a los espíritus, diciendo de mí: es luterano, es calvinista, es católico, es ateo, es racionalista, es místico, o cualquier otro de estos motes, cuyo sentido claro desconocen, pero que los dispensa de pensar más. Y yo no quiero dejarme encasillar, porque yo, Miguel de Unamuno, como cualquier otro hombre que aspire a conciencia plena, soy especie única. «No hay enfermedades, sino enfermos», suelen decir algunos médicos, y yo digo que no hay opiniones, sino opinantes.

En el orden religioso apenas hay cosa alguna que tenga racionalmente resuelta, y como no la tengo, no puedo comunicarla lógicamente, porque sólo es lógico y transmisible lo racional. Tengo, sí, con el afecto, con el corazón, con el sentimiento, una fuerte tendencia al cristianismo, sin atenerme a dogmas especiales de esta o de aquella confesión cristiana. Considero cristiano a todo el que invoca con respeto y amor el nombre de Cristo, y me repugnan los ortodoxos, sean católicos o protestantes —éstos suelen ser tan intransigentes como aquéllos— que niegan cristianismo a quienes no interpretan el Evangelio como ellos. Cristiano protestante conozco que niega el que los unitarianos sean cristianos.

Confieso sinceramente que las supuestas pruebas racionales —la ontológica, la cosmológica, la ética, etcétera— de la existencia de Dios no me demuestran nada; que cuantas razones se quieren dar de que existe un Dios, me parecen razones basadas en paralogismos y peticiones de principio. En esto estoy con Kant. Y siento, al tratar de esto, no poder hablar a los zapateros en términos de zapatería.

Nadie ha logrado convencerme racionalmente de la existencia de Dios, pero tampoco de su no existencia; los razonamientos de los ateos me parecen de una superficialidad y futileza mayores aún que los de sus contradictores. Y si creo en Dios, o por lo menos creo creer en Él, es, ante todo, porque quiero que Dios exista, y después, porque se me revela, por vía cordial, en el

Evangelio y a través de Cristo y de la historia. Es cosa de corazón.

Lo cual quiere decir que no estoy convencido de ello como lo estoy de que dos y dos hacen cuatro.

Si se tratara de algo en que no me fuera la paz de la conciencia y el consuelo de haber nacido, no me cuidaría acaso del problema; pero como en él me va mi vida toda interior y el resorte de toda mi acción, no puedo aquietarme con decir: ni sé ni puedo saber. No sé, cierto es; tal vez no pueda saber nunca, pero «quiero» saber. Lo quiero y basta.

Y me pasaré la vida luchando con el misterio y aun sin esperanza de penetrarlo, porque esa lucha es mi alimento y es mi consuelo. Sí, mi consuelo. Me he acostumbrado a sacar esperanza de la desesperación misma. Y no griten ¡paradoja! los mentecatos y los superficiales.

No concibo a un hombre culto sin esta preocupación, y espero muy poca cosa en el orden de la cultura —y cultura no es lo mismo que civilización— de aquellos que viven desinteresados del problema religioso en su aspecto metafísico y sólo lo estudian en su aspecto social o político. Espero muy poco para el enriquecimiento del tesoro espiritual del género humano de aquellos hombres o de aquellos pueblos que por pereza mental, por superficialidad, por cientificismo, o por lo que sea, se apartan de las grandes y eternas inquietudes del corazón. No espero nada de los que dicen: «¡No se debe pensar en eso!»; espero menos aún de los que creen en un cielo y un infierno como aquel en que creíamos de niños, y espero todavía menos de los que afirman con la gravedad del necio: «Todo eso no son sino fábulas y mitos; al que se muere le entierran, y se acabó.» Sólo espero de los que ignoran, pero no se resignan a ignorar; de los que luchan sin descanso por la verdad y ponen su vida en la lucha misma más que en la victoria.

Y lo más de mi labor ha sido siempre inquietar a mis prójimos, removerles el poso del corazón, angustiarlos si puedo. Lo dije ya en mi *Vida de Don Quijote y Sancho*, que es mi más extensa confesión a este respecto. Que busquen ellos como yo busco, que luchen como lucho yo, y entre todos algún pelo de secreto arrancaremos a Dios, y por lo menos esa lucha nos hará más hombres, hombres de más espíritu.

Para esta obra —obra religiosa— me ha sido menester en pueblos como estos pueblos de lengua castellana, carcomidos de pereza y de superficialidad de espíritu, adormecidos en la rutina del dogmatismo católico o del dogmatismo librepensador o cientificista, me ha sido preciso aparecer unas veces impúdico e indecoroso, otras duro y agresivo, no pocas enrevesado y paradójico. En nuestra menguada literatura apenas se le oía a nadie gritar desde el fondo del corazón, descomponerse, clamar. El grito era casi desconocido. Los escritores temían ponerse en ridículo. Les pasaba y les pasa lo que a muchos que soportan en medio de la calle una afrenta por temor al ridículo de verse con el sombrero por el suelo y presos por un polizonte. Yo, no; cuando he sentido ganas de gritar, he gritado. Jamás me ha detenido el decoro. Y ésta es una de las cosas que menos me perdonan estos mis compañeros de pluma, tan comedidos, tan correctos, tan disciplinados hasta cuando predican la incorrección y la indisciplina. Los anarquistas literarios se cuidan, más que de otra cosa, de la estilística y de la sintaxis. Y cuando desentonan, lo hacen entonadamente; sus desacordes tiran a ser armónicos.

Cuando he sentido un dolor, he gritado, y he gritado en público. Los salmos que figuran en mi volumen de *Poesías* no son más que gritos del corazón, con los cuales he buscado hacer vibrar las cuerdas dolorosas de los corazones de los demás. Si no tienen esas cuerdas o si las tienen tan rígidas que no vibran, mi grito no resonará en ellas y declararán que eso no es poesía, poniéndose a examinarlo acústicamente. También se puede estudiar acústicamente el grito que lanza un hombre cuando ve caer muerto de repente a su hijo, y el que no tenga ni corazón ni hijos se queda en eso.

Esos salmos de mis *Poesías*, con otras varias composiciones que allí hay, son mi religión, y mi religión cantada y no expuesta lógica y razonadamente. Y la canto, mejor o peor, con la voz y el oído que Dios me ha dado, porque no la puedo razonar. Y el que vea raciocinio y lógica y método y exégesis más que vida en esos mis

versos, porque no hay en ellos faunos, dríades, silvanos,
nenúfares, «absintios» (o sea ajenjos), ojos glaucos y
otras garambainas más o menos modernistas, allá se
quede con lo suyo, que no voy a tocarle el corazón con
arco de violín ni con martillo.

De lo que huyo, repito, como de la peste, es de que
me clasifiquen, y quiero morirme oyendo preguntar de
mí a los holgazanes de espíritu que se paren alguna vez
a oírme: «Y este señor, ¿qué es?» Los liberales o progresistas tontos me tendrán por reaccionario y acaso
por místico, sin saber, por supuesto, lo que esto quiere
decir, y los conservadores y reaccionarios tontos me
tendrán por una especie de anarquista espiritual, y
unos y otros por un pobre señor afanoso de singularizarse y de pasar por original y cuya cabeza es una
olla de grillos. Pero nadie debe cuidarse de lo que piensen de él los tontos, sean progresistas o conservadores,
liberales o reaccionarios.

Y como el hombre es terco y no suele querer enterarse y acostumbra después que se le ha sermoneado
cuatro horas volver a las andadas, los preguntones, si
leen esto, volverán a preguntarme: «Bueno, pero ¿qué
soluciones traes?» Y yo, para concluir, les diré que si
quieren soluciones, acudan a la tienda de enfrente, porque en la mía no se vende semejante artículo. Mi empeño ha sido, es y será que los que me lean, piensen y
mediten en las cosas fundamentales, y no ha sido nunca
el de darles pensamientos hechos. Yo he buscado siempre agitar y a lo sumo sugerir más que instruir. Si yo
vendo pan, no es pan, sino levadura o fermento.

Hay amigos, y buenos amigos, que me aconsejan me
deje de esta labor y me recoja a hacer lo que llaman
una obra objetiva, algo que sea, dicen, definitivo, algo
de construcción, algo duradero. Quieren decir algo dogmático. Me declaro incapaz de ello y reclamo mi libertad, mi santa libertad, hasta la de contradecirme si
llega el caso. Yo no sé si algo de lo que he hecho o de
lo que haga en lo sucesivo habrá de quedar por años
o por siglos después que me muera; pero sé que si se
da un golpe en el mar sin orillas las ondas en derredor
van sin cesar, aunque debilitándose. Agitar es algo. Si

merced a esa agitación viene detrás otro que haga algo duradero, en ello durará mi obra.

Es obra de misericordia suprema despertar al dormido y sacudir al parado, y es obra de suprema piedad religiosa buscar la verdad en todo y descubrir dondequiera el dolo, la necedad y la inepcia.

Ya sabe, pues, mi buen amigo el chileno lo que tiene que contestar a quien le pregunte cuál es mi religión. Ahora bien, si es uno de esos mentecatos que creen que guardo ojeriza a un pueblo o una patria cuando le he cantado las verdades a alguno de sus hijos irreflexivos, lo mejor que puede hacer es no contestarlos.

Salamanca, noviembre 6 de 1907.

VERDAD Y VIDA

Uno de los que leyeron aquella mi correspondencia aquí publicada, a la que titulé *Mi religión*, me escribe rogándome aclare o amplíe aquella fórmula que allí empleé de que debe buscarse la verdad en la vida y la vida en la verdad. Voy a complacerle procediendo por partes.

Primero la verdad en la vida.

Ha sido mi convicción de siempre, más arraigada y más corroborada en mí cuanto más tiempo pasa, la de que la suprema virtud de un hombre debe ser la sinceridad. El vicio más feo es la mentira, y sus derivaciones y disfraces, la hipocresía y la exageración. Preferiría el cínico al hipócrita, si es que aquél no fuese algo de éste.

Abrigo la profunda creencia de que si todos dijésemos siempre y en cada caso la verdad, la desnuda verdad, al principio amenazaría hacerse inhabitable la Tierra, pero acabaríamos pronto por entendernos como hoy no nos entendemos. Si todos, pudiendo asomarnos al brocal de las conciencias ajenas, nos viéramos desnudas las almas, nuestras rencillas y reconcomios todos fundiríanse en una inmensa piedad mutua. Veríamos las negruras del que tenemos por santo, pero también las blancuras de aquel a quien estimamos un malvado.

Y no basta no mentir, como el octavo mandamiento de la ley de Dios nos ordena, sino que es preciso, además, decir la verdad, lo cual no es del todo lo mismo. Pues el progreso de la vida espiritual consiste en pasar de los preceptos negativos a los positivos. El que no mata, ni fornica, ni hurta, ni miente, posee una honradez puramente negativa y no por ello va camino de santo. No basta no matar, es preciso acrecentar y mejorar las vidas ajenas; no basta no fornicar, sino que hay que irradiar pureza de sentimiento; ni basta no hurtar, debiéndose acrecentar y mejorar el bienestar y la fortuna pública y las de los demás; ni tampoco basta no mentir, sino decir la verdad.

Hay ahora otra cosa que observar —y con esto a la vez contesto a maliciosas insinuaciones de algún otro espontáneo y para mí desconocido corresponsal de esos pagos—, y es que como hay muchas, muchísimas más verdades por decir que tiempo y ocasiones para decirlas, no podemos entregarnos a decir aquellas que tales o cuales sujetos quisieran dijésemos, sino aquellas otras que nosotros juzgamos de más momento o de mejor ocasión. Y es que siempre que alguien nos arguye diciéndonos por qué no proclamamos tales o cuales verdades, podemos contestarle que si así como él quiere hiciéramos, no podríamos proclamar tales otras que proclamamos. Y no pocas veces ocurre también que lo que ellos tienen por verdad y suponen que nosotros por tal la tenemos también, no es así.

Y he de decir aquí, por vía de paréntesis, a ese malicioso corresponsal, que si bien no estimo poeta al escritor a quien él quiere que fustigue nombrándole, tampoco tengo por tal al otro que él admira y supone, equivocándose, que yo debo admirar. Porque si el uno no hace sino revestir con una forma abigarrada y un traje lleno de perendengues y flecos y alamares un maniquí sin vida, el otro dice, sí, algunas veces cosas sustanciosas y de brío —entre muchas patochadas—, pero cosas poco o nada poéticas, y, sobre todo, las dice de un modo deplorable, en parte por el empeño de sujetarlas a rima, que se le resiste. Y de esto le hablaré más por extenso en una correspondencia que titularé: *Ni lo uno ni lo otro.*

Y volviendo a mi tema presente, como creo haber dicho lo bastante sobre lo de buscar la verdad en la vida, paso a lo otro, de buscar la vida en la verdad.

Y es que hay verdades muertas y verdades vivas, o mejor dicho: puesto que la verdad no puede morir ni estar muerta, hay quienes reciben ciertas verdades como cosa muerta, puramente teórica y que en nada les vivifica el espíritu.

Kierkegaard dividía las verdades en esenciales y accidentales, y los pragmatistas modernos, a cuya cabeza va Guillermo James, juzgan de una verdad o principio científico según sus consecuencias prácticas. Y así, a uno que dice creer haya habitantes en Saturno, le preguntan cuál de las cosas que ahora nace no haría o cuál de las que no hace haría en caso de no creer que haya habitantes en tal planeta, o en qué se modificaría su conducta si cambiase de opinión a tal respecto. Y si contesta que en nada, le replican que ni eso es creer cosa alguna ni nada que se le parezca.

Pero este criterio así tomado —y debo conufesar que no lo toman así, tan toscamente, los sumos de la escuela —es de una estrechez inaceptable. El culto a la verdad por la verdad misma es uno de los ejercicios que más eleva el espíritu y lo fortifica.

En la mayoría de los eruditos, que suele ser gente mezquina y envidiosa, la rebusca de pequeñas verdades, el esfuerzo por rectificar una fecha o un nombre, no pasa de ser o un deporte o una monomanía o un puntillo de pequeña vanidad; pero en un hombre de alma elevada y serena, y en los eruditos de erudición que podría llamarse religiosa, tales rebuscas implican un culto a la verdad. Pues el que no se acostumbra a respetarla en lo pequeño, jamás llegará a respetarla en lo grande. Aparte de que no siempre sabemos qué es lo grande y qué lo pequeño, ni el alcance de las consecuencias que pueden derivarse de algo que estimemos, no ya pequeño, sino mínimo.

Todos hemos oído hablar de la religión de la ciencia, que no es —¡Dios nos libre!— un conjunto de principios y dogmas filosóficos derivados de las conclusiones científicas y que vayan a sustituir a la religión, fantasía que acarician esos pobres cientificistas de que otras veces os he hablado, sino que es el culto religioso a la verdad científica, la sumisión del espíritu ante la verdad objetivamente demostrada, la humildad de corazón para rendirnos a lo que la razón nos demuestre ser verdad, en cualquier orden que fuere y aunque no nos agrade.

Este sentimiento religioso de respeto a la verdad, ni es muy antiguo en el mundo ni lo poseen más los que hacen más alarde de religiosidad. Durante los primeros siglos del cristianismo y en la Edad Media, el fraude piadoso —así se le llama: *pia fraus*— fue corriente. Bastaba que una cosa se creyese edificante para que se pretendiera hacerla pasar por verdadera. Cabiendo, como cabe, en una cuartilla del tamaño de un papelillo de fumar cuanto los Evangelios dicen de José, el esposo de María, hay quien ha escrito una *Vida de San José, patriarca*, que ocupa 600 páginas de compacta lectura. ¿Qué puede ser su contenido sino declamaciones o piadosos fraudes?

De cuando en cuando recibo escritos, ya de católicos, ya de protestantes —más de éstos, que tienen más espíritu de proselitismo, que de aquéllos— en que se trata de demostrarnos tal o cual cosa conforme a su credo, y en ellos suele resplandecer muy poco el amor a la verdad. Retuercen y violentan textos evangélicos, los interpretan sofísticamente y acumulan argucias nada más que para hacerles decir, no lo que dicen, sino lo que ellos quieren que digan. Y así resulta que esos exegetas tachados de racionalismo —no me refiero, claro está, a los sistemáticos detractores del cristianismo, como Nietzsche, o a los espíritus ligeros que escriben disertaciones tratando de probar que el Cristo no existió, que fue discípulo de Buda, u otra fantasmagoría por el estilo—, esos exegetas han demostrado en su religioso culto a la verdad una religiosidad mucho mayor que sus sistemáticos refutadores y detractores.

Y este amor y respeto a la verdad y este buscar en ella vida, puede ejercerse investigando las verdades que nos parezcan menos pragmáticas.

Ya Platón hacía decir a Sócrates en el *Parménides*, que quien de joven no se ejercitó en analizar esos principios metafísicos, que el vulgo estima ocupación ociosa y de ociosos, jamás llegará a conseguir verdad alguna que valga. Es decir, traduciendo al lenguaje de hoy ahí, en esa tierra, que los cazadores de pesos que desprecian las *macanas* jamás sabrán nada que haga la vida más noble, y aunque se redondeen de fortuna tendrán pobrísima el alma, siendo toda su vida unos beocios; y siglos más tarde que Platón, otro espíritu excelso, aunque de un temple distinto al de aquél, el canciller Bacon, escribió que «no se han de estimar inútiles aquellas ciencias que no tienen uso, siempre que agucen y disciplinen el ingenio».

Éste es un sermón que hay que estarlo predicando a diario —y por mí no quedará— en aquellos países, entre aquellas gentes donde florece la sobreestimación a la ingeniería con desdén de otras actividades.

En el vulgo es esto inevitable, pues no juzga sino por los efectos materiales, por lo que le entra por los ojos. Y así, es muy natural que ante el teléfono, el fonógrafo y otros aparatos que le dicen ser invención de Edison —aunque en rigor sólo en parte lo sean de este diestro empresario de invenciones técnicas— se imaginen que el tal Edison es el más sabio y más genial de los físicos hoy existentes e ignoren hasta los nombres de tantos otros que le superan en ciencia. Ellos, los del vulgo, no han visto ningún aparato inventado por Maxwell, verbigracia, y se quedan con su Edison, lo mismo que se quedan creyendo que el fantástico vulgarizador Flammarión es un estupendo astrónomo.

Mal éste que, con el del cientificismo, tiene que ser mayor que en otros en países como ése, formados en gran parte de emigrantes de todos los rincones del mundo que van en busca de fortuna, y cuando la hacen, procuran instruirse de prisa y corriendo, y en países además donde los fuertes y nobles estudios filosóficos no gozan de estimación pública y donde la ciencia pura se supedita a la ingeniería, que es la que ayuda a ganar pesos. Al menos, por lo pronto.

Y digo por lo pronto, porque donde la cultura es compleja, han comprendido todos el valor práctico de la pura especulación y saben cuánta parte cabe a un Kant o un Hégel en los triunfos militares e industriales de la Alemania moderna. Y saben que si cuando Staudt inició la geometría pura o de posición esta rama de la ciencia no pasaba de ser una gimnástica mental, hoy se funda en ella mucha parte del cálculo gráfico que puede ser útil hasta para el tendido de cables.

Pero aparte esta utilidad mediata o a largo plazo que pueden llegar a cobrar los principios científicos que nos aparezcan más abstractos, hay la utilidad inmediata de que su investigación y estudio educa y fortifica la mente mucho mejor que el estudio de las aplicaciones científicas.

Cuando nosotros empezamos a renegar de la ciencia pura, que nunca hemos cultivado de veras —y por eso renegamos de ella— y todo se nos vuelve hablar de estudios prácticos, sin entender bien lo que esto significa, están los pueblos en que más han progresado las aplicaciones científicas escarmentándose del politecnicismo y desconfiando de los practicones. Un mero ingeniero —es decir, un ingeniero sin verdadero espíritu científico, porque los hay que le tienen— puede ser tan útil para trazar una vía férrea como un buen abogado para defender un pleito; pero ni aquél hará avanzar a la ciencia un paso, ni a éste le confiaría yo la reforma de la constitución de un pueblo.

Buscar la vida en la verdad es, pues, buscar en el culto de ésta ennoblecer y elevar nuestra vida espiritual y no convertir a la verdad, que es, y debe ser siempre viva, en un dogma, que suele ser una cosa muerta.

Durante un largo siglo pelearon los hombres, apasionándose, por si el Espíritu Santo procede del Padre solo o procede del Padre y del Hijo a la vez, y fue esa lucha la que dio origen a que en el credo católico se añadiera lo de *Filioque*, donde dice *qui ex Patre Filioque procedit;* pero hoy ¿a qué católico le apasiona eso? Preguntadle al católico más piadoso y de mejor buena fe, y buscadlo entre los sacerdotes, por qué el Espíritu Santo ha de proceder del Padre y del Hijo y no sólo del primero, o qué diferencia implica en nuestra conducta moral y religiosa el que creamos una cosa o la otra, dejando a un lado lo de la sumisión a la Iglesia, que así ordena se crea, y veréis lo que os dice. Y es que eso, que fue en un tiempo expresión de un vivo sentimiento religioso a la que en cierto respecto se puede llamar verdad de fe —sin que con esto quiera yo afirmar su verdad objetiva— no es hoy más que un dogma muerto.

Y la condena del actual Papa contra las doctrinas del llamado modernismo, no es más sino porque los modernistas —Loisy, Le Roy, el padre Tyrrell, Murri, etc.— tratan de devolver vida de verdades a dogmas muertos, y el Papa, o mejor dicho sus consejeros —el pobrecito no es capaz de meterse en tales honduras—, prevén, con muy aguda sagacidad, que en cuanto se trate de vivificar los tales dogmas, acaban éstos por morirse del todo. Saben que hay cadáveres que al tratar de insuflarles nueva vida se desharían en polvo.

Y ésta es la principal razón por qué se debe buscar la vida de las verdades todas, y es para que aquellas que parecen serlo y no lo son se nos muestren como en realidad son, como no verdades o verdades aparentes tan sólo. Y lo más opuesto a buscar la vida en la verdad es proscribir el examen y declarar que hay principios intangibles. No hay nada que no deba examinarse. ¡Desgraciada la patria donde no se permite analizar el patriotismo!

Y he aquí cómo se enlazan la verdad en la vida y la vida en la verdad, y es que aquellos que no se atreven a buscar la vida de las que dicen profesar como verdades, jamás viven con verdad en la vida. El creyente que se resiste a examinar los fundamentos de su creencia es un hombre que vive en insinceridad y en mentira. El hombre que no quiere pensar en ciertos problemas eternos, es un embustero y nada más que un embustero. Y así suele ir tanto en los individuos como en los pueblos la superficialidad unida a la insinceridad. Pueblo irreligioso, es decir, pueblo en que los problemas religiosos no interesan a casi nadie —sea cual fuere la solución que se les dé—, es pueblo de embusteros y exhibicionistas, donde lo que importa no es ser, sino parecer ser.

He aquí cómo entiendo lo de la verdad en la vida y la vida en la verdad.

Salamanca, febrero de 1908.

DE LA CORRESPONDENCIA DE UN LUCHADOR

«Pero ¿qué te propones con todo eso?, ¿a qué término van enderezados esos todos tus esfuerzos?, ¿qué resultado persigues?»

¿Y eres tú, mi querido y fiel amigo, el que me lo preguntas?, ¿eres tú?

Aunque sí, tú te imaginas luchar por la victoria y yo lucho por la lucha misma. Y como ya te oigo replicarme que la lucha es un medio y no un fin, me adelanto a decirte que nunca supe bien y cada vez sé menos la diferencia que hay de fines a medios. Y si la vida, que no es más que lucha, es un fin, según tú dices y yo no lo creo, entonces puede muy bien serlo la lucha misma.

No me prediques la paz, que la tengo miedo. La paz es la sumisión y la mentira. Ya conoces mi divisa: primero la verdad que la paz. Antes quiero verdad en guerra que no mentira en paz. Nada más triste que enterrarse en vivir de ilusiones a conciencia de que lo son. Al que oigas decir: «Hay que mantener las ilusiones», estímale perdido; pues ¿cómo ha de mantenerlas si las sabe ilusorias? No, amigo, el arte no puede remplazar a la religión.

Busco la religión de la guerra, la fe en la guerra. Si vencemos, ¿cuál será el premio de la victoria? Déjalo; busca la lucha, y el premio, si le hay, se te dará por añadidura. Y tal vez ese premio no sea otro que la lucha misma.

¿No conoces acaso las horas de íntima soledad, cuando nos abrazamos a la desesperación resignada? ¿No

conoces esas horas en que se siente uno solo, enteramente solo, en que conoce no más que aparencial y
fantástico cuanto le rodea y en que esa apariencialidad
le ciñe y le estruja como un enorme lago de hielo tri-
llándole el corazón?

La lucha es fragor y estruendo —¡benditos sean!—,
y ese fragor y estruendo apaga el incesante rumor de
las aguas eternas y profundas, las de debajo de todo,
que van diciendo que todo es nada. Y a estas aguas se
las oye en el silencio de la paz y por eso es la paz terrible. La lucha es el tiempo, es el mar encrespado y em-
bravecido por los vientos, que nos manda sus olas a
morir en la playa; la paz es la eternidad, es la infinita
sábana de las aguas quietas. Y la eternidad, ¿no te
aterra? ¿Qué vas a hacer en toda ella tú, pobre ola del
mar de las almas?

¿Te acuerdas de aquellas noches de invierno en que
en derredor a la hoguera del viejo tronco de la encina
muerta divagábamos —¡dulce tristeza de consuelo desesperado!— las eternas divagaciones de los hombres
nacidos del barro? Porque allí éramos hombres. El uno
dejaba de ser labrador, el otro médico, el otro abogado,
cada cual se desnudaba de su oficio y quedábamos los
hombres.

La visión de las llamas de una hoguera es como la
visión de la rompiente del mar; las lenguas de fuego
nos dicen lo mismo que las lenguas de agua. Lo mismo
que ellas se hacen para deshacerse, rehacerse y volverse a hacer. Y nuestra conversación era la de los hombres cuando se sienten en presencia de la eternidad, la
de cómo se van los días y cómo nos vamos haciendo
viejos, la de

> cómo se pasa la vida,
> cómo se viene la muerte,
> tan callando.

¡Sublime lugar común y eterna paradoja viva! Eterna
paradoja, sí, esto de que ser sea dejar de ser, esto de
que vivir sea ir muriendo. Y morir, dime, ¿no será acaso ir viviendo?

Me sucede hace ya algún tiempo una cosa pavorosa,
y es que el corazón parece habérseme convertido en un

reloj de arena y me paso los días y las noches dándole vueltas. Jamás sentí —para la atención en esto: sentí—, jamás sentí de tal modo el correr del tiempo correr, que todo se nos va de entre las manos. Sabía, sí —¿quién no lo sabe?—, lo sabía, pero no lo sentía como lo siento ahora. Ya no es que se me agranda mi pasado, que aumentan mis recuerdos; es que se me achica el porvenir, que disminuyen las esperanzas. No es ya la infancia que se me aleja y con ella mi brumoso nacimiento; es la vejez que se me acerca y mi brumosa muerte con ella. ¿Comprendes ahora lo de la lucha?

Hay quien cree en el goce del viejo combatiente, que harto de pelear e incapaz ya para la pelea, se retira a su hogar nativo a disfrutar de sus recuerdos de gloria; yo no creo en eso. ¡Pobre veterano! ¡Pobre veterano, que consuela su descanso con recuerdos de fatiga!

Sí, descansar, sí, cuando ya no se puede más. ¿Conoces acaso frase de más lúgubre despedida que «descanse en paz»? El que descansa se despide.

Hay, sin embargo, dos descanso: uno pasajero, para volver a la pelea después de haber recobrado fuerzas, y este descanso es como el sueño, preparación para la vela; y otro definitivo y sin cesación duradero, que es, como la muerte, fin de la vida. ¿Y no has temblado nunca al acostarte con el pensamiento de que no hayas de despertar? ¿No te ha quitado el sueño el imaginar que ese sueño se te hiciera eterno?

Cuando el astuto Ulises bajó a la morada de los muertos, a los campos en que vagan las imágenes de los mortales rendidos, encontróse allí con la sombra del arrogante Aquiles. Quiso consolar al luchador y éste, al contestarle, le dijo estas palabras aladas: «No me consueles de la muerte, ilustre Ulises; antes querría estando de gañán sobre la tierra servir a otro, a un labrador pobre, de poca hacienda, que reinar sobre los muertos todos.» Aquiles, en la morada del eterno descanso, suspiraba por los combates de Troya. ¡Oh, si nunca se hubiera tomado la ciudad sagrada!...

Pero, por otra parte, ¿de qué crees tú que murió la segunda vez, cuando murió ya para siempre, Lázaro? Murió de soledad. Aquel hombre, que había una vez gustado la muerte y su reposo, sentíase solo, solo, solo entre los vivos que nunca habían muerto. Llevaba en los ojos, en el timbre de la voz, en el ritmo de su marcha, el resplandor del eterno descanso, y sus hermanos en humanidad temblaban ante él como ante un dios desconocido. Y sentíase solo, solo, solo. La realidad de los otros no era realidad para él.

¡La realidad! ¿No te has fijado nunca con qué tono de suficiencia hablan del sentido de la realidad los que no luchan sino por la victoria pasajera? ¡El sentido de la realidad! He aquí una de las expresiones favoritas de los que llaman paradoja a todo cuanto ignoran, y no es poco. Creen vivir en la realidad porque viven en la sobrehaz de las cosas, y ese llamado sentido de la realidad no es más que el miedo a la verdad verdadera. Y luego los sorprenden los terremotos que vienen de debajo, de muy debajo de la realidad. Porque ésta no es sino la corteza de la vida.

Cuando tengas una de esas horas en que el alma se adueña de sí misma y toca a su propia divinidad, acuérdate de Lázaro, acuérdate de la soledad de Lázaro.

Ningún hombre divino puede ejercer en vida el influjo que ejerce después de muerto. Por grande que sea la obra de uno que respira el aire del mismo día que tú respiras, no puede renovarte el corazón, como la obra del que ha dejado ya de respirar el aire. Es un muerto el que te habla. Y a un muerto no vas a pedirle sentido de la realidad, es decir, que se aliste en tu cofradía.

¡Pobre Lázaro! El amor de sus hermanas le obligó a vivir desterrado en la Tierra. Y él se resignó a esta segunda vida y se resignó a ella por amor a Jesús, que le amaba con amor de lágrimas. Las lágrimas de Jesús, rocío de lo eterno, fueron el bautismo de su segunda vida. Y por Jesús llevó a cuestas la cruz de la soledad.

¡La cruz de la soledad! ¿No has sentido en alguna de esas noches insondables, sin luna, sin rumores y sin nubes, el peso de las estrellas sobre tu corazón? ¿No has sentido al áureo celeste camino de Santiago pesar sobre tu alma como cruz de soledad? Esto suele ser después de un día en que arreció el combate.

Yo, cuando he sentido sobre mi corazón el peso de la cruz de la soledad en alguna de esas noches insondables, sin luna, sin rumores y sin nubes, mirando a las estrellas, me he acordado de aquello de que Dios entregó el mundo a las disputas de los hombres y de aquello otro de que el reino de Jesús no es de este mundo.

«¿Me entenderán?» —me preguntabas una vez; ¿te acuerdas? Y yo te respondí: «¿Y qué importa que los hombres no quieran entenderte, si tus palabras posan para siempre en la soledad?»

¿No has observado cómo una de las más frecuentes divisas de la insondable vanidad humana es la frase aquella de: no estamos conformes? A todo pobrecito no se le ocurre para afirmar su personalidad otra cosa que «no estamos conformes». Y ¿qué importa que esté o no conforme con nosotros? Es un santo y seña de defensa; teme que le tomen por asalto su desmantelado castillejo interior.

No me importa, pues, que estés o no conforme conmigo; no me importa que los demás lo estén, pues no los busco para que me ayuden a lograr la victoria. Los busco para luchar, no para vencer, y lucho para soportar la cruz de la soledad, que en la paz me aplasta el corazón. Y quiero que todos luchemos, porque de la lucha brota el amor. Peleando unos con otros es como aprenden a quererse, es decir, a compadecerse unos a otros los hombres. Juntos descansan, y en la misma paz, los que en el campo de batalla quedan muertos. La guerra ha sido y es la madre de la compasión, que llamamos amor; la paz es la madre de la envidia. La vida y el sosiego son para exponerlos a cada momento; sólo así alcanzan su debido precio.

Y ahora, mi querido y fiel amigo, ¿volverás a preguntarme qué me propongo con todo cuanto hago, a qué término van enderezados mis esfuerzos y qué resultado persigo? Sí, volverás a preguntármelo, estoy de ello seguro. Mi respuesta no puede satisfacerte, carece de eso que llamáis sentido de la realidad, y después de leerla te quedarás diciendo: no dice todo, es decir, no dice en sustancia nada; aún queda algo por debajo que se calla. No, eso que tú crees que me callo no queda por debajo, sino por encima de lo que te digo. Tú vives entre los otros —ya sabes quiénes son los otros, los que Platón llamaba «los muchos»—, y éstos, los otros, cuando ven que alguien no sigue su camino, se dicen: ¡Bah, afán de notoriedad!

Pero, en fin, ¿qué le vamos a hacer? La vida es volver a empezar cada día, esto es, volver cada día a acabar. ¡Dios entregó el mundo a las disputas de los hombres! ¡Pobre mundo y pobres hombres!

Esta carta jamás tuvo contestación —me dijo al enseñármela el que la había recibido.

EL CRISTO ESPAÑOL

Era un extranjero. un sudamericano, y venía de París. «Pero estos Cristos, Dios santo —me decía delante de uno de los más sanguinosos que guardan nuestras catedrales—, estos Cristos..., ¡esto ahuyenta, repugna!...» «A quien no conserve algo del culto al dolor», le dije, y él a mí: «Pero el dolor no es la sangre, hay dolor incruento, hay dolor sereno.» Y entramos a hablar de ello.

Le confesé que tengo alma de mi pueblo, y que me gustan esos Cristos lívidos, escuálidos, acardenalados, sanguinosos, esos Cristos que alguien ha llamado feroces. ¿Falta de arte? ¿Barbarie? No lo sé. Y me gustan las Dolorosas tétricas, maceradas por el pesar.

El Cristo español —me ha dicho muchas veces Guerra Junqueiro— nació en Tánger. Tal vez, tal vez es un Cristo africano. ¿Sería más Cristo si fuese ático o parisiense o inglés? Porque del otro, del galileo, del histórico, tenemos que despedirnos. Y eso de la historia aplicada al cristianismo... La historia es la de los veinte siglos, y aquí, en España, la historia es española. Nació, pues, acaso en Tánger. No muy lejos de Tánger nació San Agustín.

El dolor incruento, sereno. purificado... Sí, sí, el dolor «estilizado», o vamos al decir, artístico; el grito de dolor que ha pasado por el caramillo convirtiéndose en endecha. Muy bien. Y aquí encaja todo lo que Laocoonte le inspiró a Lessing.

Muy bien, pero con esto pasa como con la ironía. Generalmente son irónicos o ironistas —es más bonito llamarlos ironistas— los que no se indignan. El que se indigna, insulta. El ironista lo perdona todo y dice que es porque todo lo comprende. ¿Y si fuera que es porque no comprende nada? No lo sé.

Esta manera nuestra áspera, desabrida —le dije a mi amigo el sudamericano—, no a todos se les hace soportable. Se ha dicho que en España abunda el odio. Tal vez; tal vez empezamos por aborrecernos a nosotros mismos. Hay aquí mucha, muchísima gente, que no se quiere a sí misma. Seguimos el precepto de «ama a tu prójimo como a ti mismo», y como, a pesar del inevitable egoísmo, no nos amamos a nosotros propios, tampoco amamos a los demás. El asceta y el inquisidor se hacen de la misma manera. Y no es que el asceta no sea egoísta, no; puede serlo, y mucho. Pero aun siendo egoísta, no sabe amarse a sí mismo.

Cuando usted vea una corrida de toros —seguí diciéndole—, comprenderá usted estos Cristos. El pobre toro es también una especie de cristo irracional, una víctima propiciatoria cuya sangre nos lava de no pocos pecados de barbarie. Y nos induce, sin embargo, a otros nuevos. Pero ¿es que el perdón no nos lleva, ¡miserables humanos!, a volver a pecar?

Mi amigo ha visto ahí, en Madrid, una corrida de toros, y me escribe:

«Tiene usted razón; el pueblo español gusta de los espectáculos fuertes, que procuran la emoción de lo trágico, o más bien de lo feroz. Sin dificultad lo he comprendido así el domingo último en la corrida de toros. También lo he comprendido así conversando con diversas gentes, i particularmente con los literatos, los cuales se destrozan los unos a los otros con ferocidad sin igual. ¡Pobre Cristo lanceado i bañado de sangre! No hai esperanza de que en las catedrales de esta tierra española cicatricen alguna vez sus heridas i se relajen las muecas de su loco dolor — i es que aquí se ignora la vuelta de Jesús al cielo, tras el martirio.»

Tal vez —¿quién sabe?— nuestro cielo es el martirio mismo.

Eso de la ferocidad con que se destrozan aquí mutuamente los hombres de letras es algo que ha llamado la atención de más de un extranjero que ha venido a conocernos. Sí, aquí todo el mundo, pero en particular artistas y literatos, se destrozan unos a otros con una ferocidad tauromáquica, o no sé si cristiana, de nuestro cristianismo tangerino.

Y a mí que no me gustan los toros, que jamás voy a verlos, a mí que no me gusta despellejar a mis compañeros en letras, porque el oficio de descuatizador ensucia las manos, a mí me gustan los Cristos tangerinos, acardenalados, lívidos, ensangrentados y desangrados. Sí, me gustan esos Cristos sanguinolentos y exangües.

Y el olor a tragedia. ¡Sobre todo, el olor a tragedia!

Para poder sostener el género chico, han tenido que embutir en él su miajita de tragedia. La comedia, la alta comedia, con su ironía y demás mandangas, es un género eminentemente burgués, poco o nada popular.

Cuando era yo estudiante, allá por el año 80, solía ir al paraíso del Español o al de Novedades, a ver, mezclado entre el pueblo, hecho pueblo, *Don Álvaro o la fuerza del sino*. Aquello resbalaba hasta los tuétanos de las almas de aquellos honrados albañiles, sastres, carpinteros o matarifes.

Hay que leer en el relato que el gran Sarmiento hizo de su viaje a España, allá al mediar del pasado siglo, su comparación entre las corridas de toros y la tragedia. En las corridas de toros no hay las insoportables unidades de la tragedia seudoclásica, y además allí se muere de veras. Se muere, y sobre todo se mata de veras. Se mata al toro como un buen cristiano español de los buenos tiempos mataba a un perro infiel, de veras.

Todo esto hace para muchos, tal vez para mi amigo el americano, un ambiente difícilmente respirable, un ambiente acre. Pero en tomándole el gusto, ya otros ambientes resultan desabridos. Es como la austera hermosura del páramo. El que templa su alma, o la destempla —no lo sé— en la contemplación de los Cristos ensangrentados y desangrados, no se hace luego a otros.

Y ese odio, ese mismo odio que como subterránea corriente de lava circula aquí por dondequiera, ese mismo odio...

Surge de lo más profundo de nosotros mismos; nos odiamos, y no ya unos a otros, sino cada cual a sí propio.

«Pero ustedes no tienen verdadero amor a la vida, aunque tengan apego a ella», me dijo una vez, como quien hace un descubrimiento, otro extranjero, éste francés. Y le respondí: «¡Acaso!» Y volvió a exclamar: «Pero ¡esto es un verdadero culto a la muerte!» Y le repliqué: «¡No, a la muerte, no!; ¡a la inmortalidad!» El temor de si morimos, morirnos del todo nos hace apegarnos a la vida, y la esperanza de vivir otra vida nos hace aborrecer ésta.

La joie de vivre. Algunos han traducido esto: La alegría de vivir. Pero no es más que una traducción. Eso de la alegría de vivir es, digan lo que quieran, un galicismo. Éso no es una expresión castiza. No recuerdo haberla leído en ninguno de nuestros clásicos. Porque el delito mayor del hombre es haber nacido. ¡Ya lo creo!

Y esa misma ferocidad literaria con que los hombres de letras se desuellan y descuartizan unos a otros a mordiscos y a arañazos, tiene su acre voluptuosidad para el que es testigo de ella. Y en esa lucha es donde se templan nuestros ingenios. Muchas de las más jugosas producciones de éstos salieron de un cotarro de difamación. Y llevan, es natural, el acre sabor de su origen. Huelen a odio. Y el público, como olfatea odio, se revuelve conmovido y aplaude. Aplaude como en la plaza cuando huele a sangre. Sangre del cuerpo o sangre del alma, ¿qué más da?

¿Es esto culto, es civilizado, es europeo? No lo sé Pero es nuestro. ¿Y no será acaso verdad aquello de genio y figura hasta la sepultura?

Es cosa que debe dar que pensar aquello de que Schopenhauer admirara tanto a los españoles. Lo que en él era una pedantería tudesca, una posición académica, es tal vez en nosotros un sentimiento íntimo y real.

¿Avergonzarnos? ¿Por qué? Mejor zahondar en ello, escudriñarlo, hurgar las entrañas y dar plena conciencia de ese odio a nosotros mismos. Lo malo es mientras permanece inconsciente, pues una vez que se nos ha manifestando como tal, como odio de nosotros mismos, como aborrecimiento propio, está ya en camino de ser algo noble y fuerte y redentor. ¿No os acordáis de la terrible paradoja evangélica de que hay que odiar a sus padres, a los esposos, a los hijos, para tomar la cruz, la cruz ensangrentada, y seguir al Redentor? El odio a nosotros mismos, cuando es inconsciente, oscuro, puramente instintivo, casi animal, engendra egoísmo; pero cuando se hace consciente, claro, racional, puede engendrar heroísmo. Y hay un odio racional, sí, le hay.

Sí, hay un Cristo triunfante, celestial, glorioso: el de la Transfiguración, el de la Ascensión, el que está a la diestra del Padre; pero es para cuando hayamos triunfado, para cuando nos hayamos transfigurado, para cuando hayamos ascendido. Pero aquí, en esta plaza del mundo, en esta vida que no es sino trágica tauromaquia, aquí el otro, el lívido, el acardenalado, el sanguinolento y exangüe.

EL RESORTE MORAL

Hoy me place hablar de ese país que nunca he visitado; de ese país del que sólo sé por libros, revistas y periódicos que de ahí me llegan; por cartas, por informes de personas que lo conocen de vista y trato.

Acabo de leer en *Nuova Antologia*, de Roma, número 16, de septiembre, un artículo titulado «Americanismi» y suscrito por Amy A. Bernardy. En él se nos pone en guardia contra todos los turistas y viajeros que van a los Estados Unidos con el propósito de escribir un volumen acerca de la vida americana, es decir, yanqui, en este caso. «El alemán que ha pasado un mes en Milwaukee, el francés que ha ido de Nueva York a San Francisco en el Overland Limited, o del Canadá a Nueva Orleáns sobre el directísimo del Sur, el austriaco que se ha detenido un mes entre los tes de la embajada de Washington o las comidas de Saratoga, el reportero internacional que ha visto al presidente en un banquete, un *prize fight* en los bajos fondos de Nueva York, los *stockyards* en Chicago, a los indios, aunque sea en una *reservation*, las cascadas del Niágara y a los mormones, dice que ha visto América», y la señora Bernardy nos dice que no basta verla, sino haberla vivido, y nos previene contra la obra de los Giacosa, Ugo Oritti, Max O'Rell, Le Roux, Bourget, etc.

Por mi parte, puedo decir que cada vez en que hablando con algún argentino o algún español que haya residido allí durante años, le expreso alguna opinión respecto a ese país, adquirida en las fuentes que indiqué más arriba, me ataja diciendo: «¡Oh, no; es menester haber vivido allí!» Y son varias las personas que me han dicho esto, y sus respectivos juicios apenas coinciden entre sí, y me he convencido de que ellos, a su vez, no tienen sino una idea muy parcial del propio país o de aquel en que han residido largo tiempo. Es muy exacto aquello del refrán que dice: «Cada uno habla de la feria según le va en ella», y muy verdad también —y lo tengo comprobado cien veces aquí mismo— que los naturales de un país no se enteran de cosas que saltan a los ojos al que por primera vez llega a él. Les falta término de comparación.

Todo lo cual me ha traído a una conclusión paradójica —pues que han dado en decir que soy un cultivador de la paradoja, no dejaré en mal lugar a los que tal dicen—, y es la de que para escribir sobre un país, lo mejor es no haber estado en él, sino hacerlo sobre un caudal de informaciones indirectas, el más copioso que se pueda obtener, y cotejándolas entre sí. Y estoy persuadido de que si resucitara un griego del tiempo de Pericles o un romano de la época de Augusto y leyera lo que sobre aquella Grecia o aquella Roma se ha escrito, exclamaría: «¡He tenido que resucitar, al cabo de los siglos, para conocer el mundo en que vivía!» Al que vive en un país, los árboles le impiden ver el bosque.

Con informes indirectos, pues he ido formándome una idea de lo que esa Argentina sea, y cuantas rectificaciones recibo de los que la conocen de vista no hacen sino completar, redondear y corroborar mi idea.

Dos son las principales corrientes por donde esos informes me llegan: la corriente del cosmopolitismo y la corriente del criollismo. Y en cuanto me encuentro con un nuevo informante, de palabra o por escrito, lo primero que procuro saber es si es cosmopolítico o criollístico. Ambas tendencias son a modo de dos pares de gafas que modifican la visión correcta: la una, gafas de miope; la otra, gafas de présbita. Y tan mal se ve por corto como por largo de vista.

De lo que todos hablan es del progreso material y económico de esas tierras del Plata, del esplendor de riqueza de Buenos Aires. En libros como *La nación en marcha*, del señor Bernárdez, y en otros análogos, podemos formarnos una idea muy completa de ese progreso.

En España tenemos un buen libro para informarnos de semejantes aspectos de la República Argentina, cual es *Sangre nueva: impresiones de un viaje a la América del Sur,* de don Federico Rahola, el que hizo un viaje en compañía del señor Zulueta. Y en general no es difícil formarse concepto de ello, pues es cosa aparente y que entra por los ojos hasta al más miope.

Muy otra cosa sucede cuando queremos adquirir noción del estado íntimo de un país, de su ambiente espiritual, de su carácter típico, de su sociabilidad. Casi todo lo que a este respecto conozco acerca de esa República son trabajos literarios, son literatura, en fin. Y la literatura, mil veces se ha dicho y repetido, no es más que literatura. Desde las obras del género que podemos llamar gauchesco, el *Martín Fierro,* el *Fausto,* el *Santos Vega,* pasando por las novelas de Gutiérrez, y hasta llegar a los últimos cultivadores del criollismo ya refinado y depurado, creo que conozco lo principal que ahí se ha escrito pintando un mundo que se fue y que acaso no fue nunca tal y como nos lo pintan. He sumergido mi atención también en las obras históricas, empleando horas en leer al general Paz, a Sarmiento, a López, a Estrada, a Saldías, a Juan Agustín García, a Pelliza, y, por último, me he detenido en trabajos de la índole de *La tradición nacional,* del doctor González, o de *Nuestra América,* del doctor Bunge, con ser tan distintos el uno del otro.

En muchos de estos trabajos, en los más recientes sobre todo, se observa —antes de ahora lo he expuesto— que sus autores, aunque argentinos, ven a la Argentina con ojos europeos. El mundo que los rodea, en el que viven y del cual viven, está juzgado a través de las doctrinas sociológicas que se extraen de la *Bibliothèque de philosophie contemporaine,* que edita Alcán en París, o de otra cualquiera biblioteca por el estilo. En algunos, como en el señor Ingenieros, pongo por caso, llega esto al extremo.

Añádase la influencia de juicios como los de don Pablo Groussac, v. gr.: un francés que, como buen francés, ha permanecido irreductible al espíritu del país en que radica y vive, y juzgando siempre a pueblos de lengua española con un espíritu, el espíritu francés, que jamás ha logrado penetrar en lo íntimo de ellos.

Y de aquí resulta que hoy por hoy, mi primer fuente de información respecto al espíritu de esos pagos es la prensa, y muy especialmente —no se sorprenda nadie— *Caras y Caretas.* La colección de *Caras y Caretas* se me antoja que es un espejo tan fiel del promedio de la espiritualidad, o inespiritualidad más bien, de la Argentina, y en especial de Buenos Aires, como la colección del *Blanco y Negro* es un fiel espejo de la actual pobreza de espiritualidad en España, y en Madrid sobre todo.

Suele con mucha razón decirse que cada loco con su tema, y mi tema es el de la espiritualidad, el del estado íntimo de las conciencias de un país, de sus inquietudes supremas, de su situación religiosa, en fin. Con mucha frecuencia, cuando he preguntado a alguno procedente de esos pagos, cómo se siente ahí eso de la religión, me ha respondido: «Allí nadie se ocupa de semejante cosa; harto tienen con ganar dinero; si miran al cielo, es para ver si va o no a llover.» Claro está que no los he creído, porque sé bien que hay gentes que ocultan sus inquietudes íntimas, y sé también que para los más lo religioso creen se reduce a las formas concretas, dogmáticas y rituales de esta o de la otra confesión constituida en Iglesia. Otros, en cambio, me han hablado de restos de influencia levítica en regiones apartadas, y alguno de las formas del culto, de las juntas de señoras y de toda esa lamentable comedia que hace del catolicismo algo de moda, algo que viste bien, algo de buen tono.

Esto del buen tono, de la buena sociedad, de la *high life,* de las clases honorables, es uno de los peores azotes de los países nuevos, constituidos democráticamente, y que sueñan por una aristocracia.

Los títulos y las condecoraciones los curarían acaso de esa vanidad, hija de superficialidad de vida. El título de doctor ha sustituido al de barón o marqués. El esnobismo corroe los espíritus.

No recibo número de *Caras y Caretas* en que no venga la noticia circunstanciada del enlace Fulánez-Mengánez; allí se ve el retrato de la novia y el del novio, o el de ambos, saliendo de la ceremonia nupcial y rodeados de los amigos y parientes. Cosa, por supuesto, que, fuera de éstos, maldito si a nadie le importa un bledo.

Y esto parece delatar un furor insano de exhibición, un furor como el que arrebató a aquel desgraciado a pegarse un tiro para que apareciese luego su retrato en el semanario en moda. Yo no sé si el hecho, tal y como el semanario lo trajo, fue cierto, pero _si non évero é ben trovato_, y dice todo lo que puede decirse. Y así como aquel pobre víctima del furor exhibicionista se mató para lograr notoriedad de una semana, es fácil que alguno se case no más que para que aparezca su retrato de bracete con el de la novia.

Y ese morboso furor, hijo de la falta de intimidad y de profundidad en la vida, produce las dos plagas de la entrevista _(interview)_ y de la tarjeta postal. Toda la vida parece estar a la superficie, todo parece reducirse a vivir de apariencias. Diríase que las gentes se pasan la mitad de la vida en amasar una fortuna y la otra mitad en comprar con ella vanidad.

Y así se olvida hasta la dignidad de las funciones más graves. Cuando vi un autógrafo de un señor obispo de la Iglesia católica apostólica y romana bendiciendo a los lectores del semanario y vi luego un retrato del mismo príncipe de la Iglesia en actitud de bendecirlos, me dije: «Gracias, Dios mío, porque todavía, a pesar de lo hondo del vacío espiritual en que hemos caído, no hemos llegado aún hasta esto; aquí no hay obispo que se preste a semejante cosa.» Y recordé las terribles y proféticas invectivas del gran poeta portugués Guerra Junqueiro, en el epílogo, en prosa, a su poema _Patria_, y pensé que llegará día en que veremos la instantánea de un sacerdote de moda en el momento de volverse en el sacrificio de la misa para alzar la hostia a la adoración de los fieles.

Estos típicos detalles dicen más acerca del estado íntimo de la conciencia religiosa, o irreligiosa, de un país, que volúmenes enteros. Y ellos revelan que la vida interior, la vida del espíritu, debe languidecer en un vacío pavoroso, sobre todo en las mujeres.

¡Las mujeres! Éste es el problema en los países nuevos, formados por aluvión de gentes de los cuatro extremos del mundo, donde los hombres apenas se cuidan sino de sus negocios. Las mujeres son las que están haciendo el alma de los Estados Unidos; las mujeres las que allí agitan las cuestiones eternas, hasta con su cortejo de extravagancias. Todo el que escribe sobre la gran colmena de la Unión, dedica un buen espacio a las mujeres norteamericanas.

La mujer es el verdadero principio de continuidad de un pueblo, el arca de sus más preciadas y más profundas tradiciones. Y en un país que se constituye de nuevo, en un país que lucha por adquirir personalidad —único modo de gozar de verdadera independencia y de lograr duración—; en un país que necesita de una tradición fuerte, como necesita de bien arraigados árboles en sus orillas todo río torrentoso y de incierto cauce; en un país así, pocas cosas, si es que algunas, son más vitales que las preocupaciones que embarguen el espíritu de sus mujeres. Y si su preocupación principal, en las clases adineradas, fuera eso que se llama la vida de sociedad y en que la iglesia está al par del teatro y no es sino otra forma de éste, si las creencias —a cualquier cosa se suele llamar creer— y el culto formaran parte de las prescripciones del buen tono y de la llamada buena educación, entonces el país en que eso suceda está amenazado de muy serios peligros.

No me atrevo, con los informes que poseo, a entrar más detalladamente en esta materia por lo en ella atañadero a esa joven República; pero hay veces en que al leer ciertas cosas se me ocurre pensar que el bueno de Sarmiento, llevado de su optimismo europeizante, de aquella fe candorosa que sentía por la influencia moral del frac y de los modales que él llamaba civilizados, no previó que pudiera llegar día en que haya que acudir a la barbarie —a la que él llamó barbarie— para curar la que llamaba civilización, y murió sin haber sospechado tal vez que sin el espíritu de Rosas habría perdido a su patria el espíritu de Rivadavia, o el del mismo Sarmiento.

Porque lo que en éstos era noble entusiasmo de candor progresista, se convierte en otros en un mero esnobismo.

Me creo en el deber de declararlo honrada y sinceramente. De entre los muchos libros de literatura argentina, y en general sudamericana, que he recibido y sigo
recibiendo, puedo separar algunos que no carecen de
algún mérito. O algún brillo, o cierta amenidad, o diestra imitación de modelos europeos, franceses sobre todo,
u otra cualidad cualquiera que les haga no despreciables
del todo y algunas veces, muy raras, aceptables. Pero lo
que no se ve en ellos es intensidad y austeridad de sentimiento, profundidad de espíritu. No parece haber pasado sobre ellos el soplo vivificador de las grandes y
nobles inquietudes, de las preocupaciones eternas del
trabajado linaje humano.

Y sin este fondo de la inquietud eterna, siempre re-
novada y jamás satisfecha, de la inquietud que ha producido todas las grandes obras del espíritu humano, sin
ese fondo, hasta la civilización exterior, la del progreso
industrial y comercial, acaba por languidecer. Y a quien
desee ver esto tratado con más extensión, le recomiendo
los *Principios de la civilización occidental (Principles
of Western Civilization)*, de Benjamín Kidd.

Lo que pierde a los pueblos de lengua española —lo
he dicho varias veces en varias formas, y he de repetirlo muchas veces más y en formas nuevas—, lo que
los pierde es su materialismo, disfrazado de practicis-
mo. No hay nada menos práctico que eso que se llama
de ordinario práctico. Y el materialismo se presenta en
estos pueblos, en éste y en ése, bajo capa de idealismo
a las veces. Las formas de religiosidad son más formas
real y verdaderamente materialistas, y lo son las formas de irreligiosidad, derivadas de aquéllas. Los librepensadores españoles profesan un librepensamiento a la
católica española; sustituyen la superstición religiosa
con la superstición cientificista —hablan de la Ciencia
y de la Razón, ambas cosas en letra mayúscula—, y
si antes juraban por Santo Tomás, luego juran por
Haeckel o por otro ateólogo cualquiera del librepensamiento.

«Para progresar en este mundo, es menester no pre-
ocuparse del otro.» He aquí una proposición que he oído
miles de veces y que me parece un solemne disparate.
Un individuo suelto puede muy bien vivir y vivir hasta

una noble vida, espiritual, sin tener la preocupación de la otra vida, porque el pueblo en que vive y de que vive le da preparados los jugos morales de su conducta, como un parásito vive, sin ciertos sentidos, en el tubo digestivo de un animal superior —según la exacta metáfora de míster Balfour, primer ministro que fue de Inglaterra—, pues el tal individuo recibe, en forma de honor u otro sentimiento, jugos morales elaborados en siglos de cristianismo; pero un pueblo entero no puede vivir hoy sin esa preocupación.

Lo que se dice del Japón al respecto parece ser pura fábula. Tan imposible se haría la vida social si todos se convenciesen de que al morir el hombre se anula la conciencia individual, como imposible se haría si todos estuviesen absolutamente seguros de la existencia de un cielo y un infierno, como los católicos. Es el fondo último de incertidumbre el que en uno y otro caso sirve de resorte moral.

Y como éste es un terreno muy profundo y a la vez muy movedizo, vale más que interrumpa aquí estas reflexiones, sin perjuicio de reanudarlas cualquier otro día.

Salamanca, septiembre de 1906.

LA ENVIDIA HISPÁNICA

Otra vez más voy a referirme al tan sugerente libro *Pueblo enfermo*, del boliviano A. Arguedas, y es que ese pueblo enfermo que Arguedas nos describe no es sólo —creo haberlo dicho— el pueblo boliviano. Este pueblo le sirve de caso demostrativo, pero el enfermo es mucho más amplio.

En la pintura que Arguedas nos da de esas sociedades de tierras adentro, muy internadas, lejos de frecuente contacto vivo con otros pueblos, de esas sociedades provincianas esclavas de la rutina, se echa de ver más de una vez la acción del odio y de la envidia.

«La vida física y moral en todas esas poblaciones y ciudades es —nos dice— monótona, tirada a raya. Priva en ellas una moral surgida, puede decirse, de la uniformidad de costumbres. Hay ligazón sólida entre los habitantes, cuyas pasiones son las mismas e idéntica su intelectualidad. Esa vida material, sin variaciones ni contrastes, repitiendo siempre los mismos hechos, reglando por calendario los días, fechas y horas de las expansiones y diversiones, concluye por aplastar la imaginación y secar el espíritu. Se forma en las poblaciones una atmósfera de mentalidad ínfima; todo yace sometido al análisis. No hay acto que no caiga bajo el dominio colectivo. La vida privada es objeto de la atención general; cada uno se hace testigo y juez de su vecino. La murmuración y la difamación son armas naturales de combate... En todas las poblaciones de Bolivia, y en unas más que en otras, se observa esa tendencia a oprimir al individuo, hacer pesar sobre él el modo de ser de la ciudad...»

«En todas las poblaciones de Bolivia...» ¿De Bolivia sólo? Esa pintura me hace ver la vida de casi todas las sociedades provincianas, la vida de las sociedades donde no enfrenó a la naturaleza humana un alto ideal que no sea el de hacer fortuna. Esa tendencia a oprimir al individuo es la característica de las sociedades conservadoras, rutinarias y de aquellas en que el lucro y la fortuna son la preocupación constante, absorbente.

El respeto al individuo, nacido de la comprensión del individuo, falta en semejantes sociedades. El hombre que es ante todo hombre se gana pronto en ellas el dictado de loco, hasta cuando tienen que soportarle. Eso sí, al cabo —y este cabo es muchas veces después de la muerte— se le hace justicia. Acordaos de Sarmiento. Con respeto, sí, con el respeto que conquista a brazo partido el hombre genial; pero, aunque con respeto, se le llamó loco.

Las gentes de esas sociedades, las que se conocen unas a otras, han visto nacer y criarse al hombre superior, y con ellos los que hicieron fortuna no se resuelven a reconocer la superioridad ajena. «¿Qué talento puede tener un hombre que no ha sabido salir de pobre?», decía una vez un enriquecido muy bruto. Y son legión los que oyendo decir de alguien que es muy inteligente, preguntan al punto: «¿Cuánto gana?»

En el capítulo IV de su obra, tratando del carácter nacional boliviano, dice Arguedas que en esa sociedad que vive entre grandes diferencias étnicas y desparramada en poblaciones muy distantes unas de otras, lo que antes salta a la vista es el espíritu de intolerabilidad: el odio. El prologuista de Arguedas, Ramiro de Maeztu, ha hecho notar muchas veces que el odio es una de las características más señaladas de nuestra sociedad española provinciana. Aquí nadie puede aguantar a nadie; aquí no podemos aguantarnos a nosotros mismos. «¡Ese hombre me carga!», he aquí una frase —y aun en forma más enérgica, pero que por su grosería no puedo estampar aquí— que oímos a cada paso. Aquí, en general, carga el hombre, el verdadero hombre, el que tiene fisonomía propia. Aquí lo mismo que en Bolivia.

«Todo el que triunfa en cualquier esfera —dice Arguedas—, engendra en otros no sólo odio violento, sino una envidia incontenible, o mejor, la envidia genera el odio. Aspírase a una nivelación completa y absoluta. Quien sobresale, aunque sea una línea, sobre un conjunto así moldeado, en vez de simpatía, despierta agresiva irritabilidad.»

¡La envidia! Ésta, ésta es la terrible plaga de nuestras sociedades; ésta es la íntima gangrena del alma española. ¿No fue acaso un español, Quevedo, el que escribió aquella terrible frase de que la envidia está flaca porque muerde y no come? Y esta nuestra llaga de abolengo, hermana gemela de la ociosidad belicosa, se la transmitieron nuestros abuelos a los pueblos hispanoamericanos y en ellos ha florecido, con su flor de asafétida, creo que aún más que entre nosotros. ¿No conocéis lo que Lastarria escribió sobre la acción de la envidia en el Chile de su tiempo?

Es la envidia, es la sangre de Caín más que otra cosa lo que nos ha hecho descontentadizos, insurrectos y belicosos. La sangre de Caín, sí, la envidia. ¿No fue acaso un uruguayo, Reyles, el que intentó hacer en una novela, *La raza de Caín* —una novela llena de páginas intensas y dolorosas—, el poema terrible de la envidia?

Somos, colectivamente, unos envidiosos; lo somos nosotros, los hispanos de aquende el Atlántico; lo sois vosotros, los de allende.

«Maliciosos, suspicaces, desconfiados, egoístas, tacaños —dice Arguedas—; vívese en franca lucha, sin permitir que nadie —fuera de los que en política medran— se sobreponga, y al que tiene la desgracia de llegar sin haber descendido al terreno en que con convulsiones de larvas se agitan las malas pasiones, se le deja solo en las alturas, en ésas en que, en pueblos indígenas, si algo se siente, es la infinita tristeza del que no tiene a nadie...»

Y este funesto cáncer de la envidia ha engendrado, por reacción, otra enfermedad, y es la manía persecutoria, la enfermedad del que se cree víctima. Así como cuando uno es aprensivo es porque algún mal tiene,

así, cuando en un país veáis cómo abundan los que se
creen víctimas de la conspiración del silencio o de otro
vejamen análogo, estad seguros de que la envidia abunda, aunque cada uno de los quejosos no tenga derecho
a quejarse.

Bien sé que los más de esos genios incomprendidos
que se creen víctimas de la hostil mediocridad del ambiente o de las maquinaciones de sus émulos no pasan
de ser unos pobres mentecatos; pero esa enfermedad
de creerse perseguido responde a un cierto estado social de persecución efectiva.

¡Si yo publicara las cartas todas que tengo recibidas
de noveles poetillas que se creen blanco de la envidiosa
hostilidad de sus prójimos! ¡Y si publicara las de aquellos otros que se regocijan con tal o cual palo que admi-
nistré a uno de sus émulos!

Este dilema de «o bombo o palo», esto es, o adulación
o insulto, que como característico de nuestra crítica se
ha señalado, eso es aún más abultado en esa América.
Entre los ditirambos disparatados de los unos y los
desprecios aún más disparatados de los otros, no sabe
uno a qué carta quedarse. Y tanto lo uno como lo otro
proceden de envidia. De envidia y de falta de comprensión.

Hablando del mestizo boliviano, dice Arguedas que
«para admirar le falta educarse; para sentir entusiasmo le falta comprender».

Y esto, ¿es acaso privativo de él? Solemos pasar, nosotros y vosotros, de la falta de admiración a una admiración ruidosa e indiscriminativa, que en el fondo
no es tal admiración. El que admira sin restriciones,
es que no admira.

Conservo dos cartas de cierto mocito venezolano. En
la una me adulaba de una manera vergonzosa, de una
manera que hacía ruborizarse a otro menos curtido
que yo a estos engañosos halagos, y en la otra me in-
sultaba diciéndome: «¡Español al cabo! ¡Bien sabía yo
que si se le sacudiera, soltaría bellotas!» Entre una y
otra carta medió un brevísimo juicio, muy breve, dos
líneas, de cierto libro del mocito. Y no le dolió el fondo
del juicio, que nada tenía de duro, sino su brevedad.

¡Y cómo se disfrazan ese odio, esa envidia, que Arguedas ha podido observar en Bolivia y que nosotros todos podemos observar cada cual en nuestro país, espiritualmente hermanos! «La afectividad es simulada —dice el autor boliviano—; en el fondo de nuestras frases corteses y almibaradas siempre late la envidia, la indiferencia, el odio. El lenguaje común es rico en términos afectuosos; pero se le usa de una manera inconsciente, banal. Allí nadie admira a nadie sinceramente. El temor, el respeto, el interés o la hipocresía nos empujan al empleo de ese lenguaje acariciador; como los meridionales, nos es forzoso simular grandes afectos. Interiormente, la aridez afectiva, desesperante; generosidad, hidalguía, sinceridad, son términos vagos y sin aplicación, acaso altas concepciones morales, pero nada efectivas.»

Volved a leer estas sencillas y terribles palabras del autor de *Pueblo enfermo*. Tienen todo lo doloroso de lo que es sencillamente verdadero. En ellas está expresada derechamente, sin rodeos y sin retórica, una verdad hija de dolorosa experiencia. «La afectividad es simulada», es muchas veces pérfida, es felina. En el fondo de frases corteses y almibaradas siempre late la envidia. Es más aún: la envidia es sutilísima y muy fecunda en inventar halagos y adulaciones. ¿No habéis oído nunca elogiar felina y ambiguamente, por envidia?

Una de las astucias maliciosas que la envidia emplea es confundir en un mismo elogio a personas de muy desigual valía, es nivelar en el elogio. Hasta los elogios son sospechosos en pueblos comidos por la envidia. Suelo yo decir que aquí, cuando se oye que uno elogia a otro desmedidamente, hay que preguntar siempre: ¿Contra quién va ese elogio? Puede ir contra el elogiado mismo; puede ir contra un tercero.

Y esta horrible gangrena de la envidia, ¿de qué puede habernos venido? Yo creo que de ociosidad espiritual, y téngase en cuenta que puede tener ocioso el espíritu, ociosa la inteligencia, un hombre muy activo para procurarse la vida y hasta uno de esos a quienes se llama hombre de estudio. Así, por ejemplo, los eruditos suelen ser, por lo común, envidiosos; pero es que los eruditos mantienen su inteligencia en mal disfrazada ociosidad.

«Lo que de usted más me gusta —le dije una vez a un hombre de grandísima valía y de intensísima vida espiritual— es que no le he observado rastro de envidias.» Y me contestó: «Es que no he tenido tiempo de envidiar; me inquieta tanto el camino que tengo bajo mis pies, y tanto me atormenta la idea de adónde me llevará, que no he podido aún mirar los caminos de los otros, ni ver si en ellos avanzaron más o menos que yo en el mío.»

La envidia es hija de superficialidad mental y de falta de grandes preocupaciones íntimas.

La envidia brota en los pueblos en que el íntimo y verdadero resorte religioso, la fe que crea y no la que vegeta parásita del dogma, se ha herrumbrado. La envidia, que es hija de la ociosidad espiritual, es compañera del dogmatismo. Por algo se ha hecho proverbial el *odium theologicum.* ¿Y quién no sabe que la envidia, más que la gula, más que otro cualquiera de los siete pecados capitales, es el vicio clerical por excelencia? La envidia es la roña íntima de los conventos. Y ello procede de la ociosidad espiritual.

La paz y la democracia engendran casi forzosamente la envidia. El mejor remedio contra la envidia es la guerra. Pero entiéndase bien que la guerra más eficaz es la que uno trama contra sí mismo, la guerra contra el misterio de nuestra vida y de nuestro destino.

Y por lo que hace a la democracia, ¿ha habido acaso pueblo más envidioso que el ateniense, el que inventó el ostracismo? Los dioses griegos tienen envidia de los mortales felices. Es difícil dar en otra lengua la fuerza toda del vocablo helénico *phthonos*, envidia.

Las democracias son envidiosas, y por envidiosas han decretado alguna vez la abolición de los títulos honoríficos, de las distinciones, de las condecoraciones. Y se pagan mucho de ellas. Donde no hay condes ni marqueses, hay generales y hay doctores. «Como los mandarines chinos —dice Arguedas de los gobernantes de su patria—, conceden gran importancia al aparato... Melgarejo tenía una capa colorada; Santa Cruz iba cargado de condecoraciones, y encabezaba sus decretos: «Andrés Santa Cruz, gran ciudadano, restaurador y presidente de Bolivia, capitán general de sus ejércitos, general de brigada de Colombia, gran mariscal, pacificador del Perú, etc.» «Un hecho nimio —prosigue—, pero admirable caracterizador de ese estado de espíritu, es el de que una de las más tenaces preocupaciones de todo nuevo funcionario de alta o baja categoría es el de «hacerse retratar» con todas las insignias de su cargo: el presidente, con su banda tricolor y su uniforme de general; los ministros, con sus bastones emborlados; los prefectos, con sus bicornios emplumados; los plenipotenciarios, encargados, atachés, etc., con sus casacas bordadas; el ministerial, con su pluma en ristre; los generales, con sus sables desenvainados y en actitud guerrera; los diputados, de frac y guante blanco, y así hasta lo infinito.»

Y estas formas de estrepitosa vanidad y el lujo mismo; ese lujo que estalla en las sociedades enriquecidas pero hundidas en ociosidad espiritual; ese lujo, ¿no tendrá acaso una íntima hermandad con la envidia? El otro día un joven chileno, muy culto y muy inteligente y reflexivo, me hablaba del escandaloso lujo de Santiago de Chile y me decía que ni en París, de donde él vino acá, había visto en los grandes teatros el lujo de las señoras de la oligarquía de su patria. Y recuerdo que de este mismo lujo solía hablarme el malogrado Luis Ross, de quien os tengo dicho, aquel hombre de corazón tan grande y fuerte como su cabeza. Y recuerdo más, y es que una vez, hablándome del terremoto de Valparaíso, llegó a decir que acaso fue un bien si con él se lograra atajar el escándalo de la ostentación del lujo. Y entonces, oyendo a Ross eso, y hace poco oyendo a su cuñado hablarme otra vez del escándalo del lujo chileno, me acordaba de los juicios de Lastarria a que me referí antes. Y ambas plagas, la de la envidia y la del lujo, las relaciono con la ociosidad espiritual de un pueblo que, o tiene sus creencias encarriladas o carece de ellas, y en que la suprema aspiración es enriquecerse y hacer figura social.

Hay que decirlo alto y claro: el rastacuerismo no deja de ser tal rastacuerismo, aunque se refine y pula. No es menos rastacuero el que se viste a la última

moda de París, siempre que el vestirse así sea su preocupación suprema. En ciertos pueblos hay clases sociales para las que el lujo —un cierto lujo— es una dolorosa necesidad, es una esclavitud, como lo es para un
obispo tener que revestirse de pontifical en ciertos
días, o para un capitán general tener que ponerse el
uniforme de gala. El cargar con ellos puede llegar a ser
hasta muestra de humildad. Hay cargos y funciones
que exigen un cierto aparato, y el aceptar éste puede
ser incluso señal de modestia. Pero hay un lujo, por
muy refinado que sea, por muy observador de la prag-
mática del «buen gusto» (!!!!) preceptivo que le su-
pongamos, hay un lujo que no es sino rastacuerismo.
Da a suponer lo que sucede en España entre las campesinas de ciertas regiones, y es que sus ahorros todos
los emplean en arracadas, collares, gargantillas, pre-
seas de oro, y es que así llevan a la vista la dote. Ese
lujo equivale a que las muchachas se pongan el rótulo,
es decir, el precio de la finca.

Pero esto es cosa de que me repugna seguir tratando.

Salamanca, mayo de 1909.

IBSEN Y KIERKEGAARD

El nombre de Ibsen suscita en mí, desde luego, el nombre, entre nosotros casi desconocido, del espíritu humano que más hondamente influyó en el suyo, el de Sören Kierkegaard, alma congojosa que acuñó con su sello ardiente a toda la juventud espiritual de la Dinamarca y la Noruega de mediados del siglo último. Fue el crítico de Ibsen, Brandes, quien me llevó a conocer a Kierkegaard, y si empecé a aprender el danés traduciendo antes que otra cosa el *Brand* ibseniano, han sido las obras de Kierkegaard, su padre espiritual, las que sobre todo me han hecho felicitarme de haberlo aprendido.

Decía Proudhon que todo problema se reduce, en el fondo, a un problema teológico, queriendo decir, sin duda, religioso, y lo cierto es que en el fondo de la dramaturgia de Ibsen está la teología de Kierkegaard, de este corazón tan esforzado como angustioso, que presa durante su vida toda de una desesperación resignada, luchó con el misterio, con el ángel de Dios, como luchara antaño Jacob con él, y bajó al reposo final después de haber estampado con fuego la verdad en la frente seca y fría de la Iglesia oficial de su patria.

La dramaturgia de Ibsen es una dramaturgia más religiosa que ética o que estética en sus últimas raíces, y no es fácil que la sientan en su fuerza toda los que no han pasado de la concepción estética y a lo sumo de la ética. Y si no lo compredemos así aquí, es porque llamamos religión a una mezcla de supersticiones mitológicas y de política.

«La cristiandad no hace sino jugar al cristianismo», exclamó Kierkegaard, y sostuvo contra todo y contra todos su amor salvaje a la verdad, a la verdad sentida y no sólo concebida lógicamente, a la verdad que es vida, aquel noble solitario entre los hombres. Brand, el Brand ibseniano, es su reflejo en el arte dramático, y cuanto dure Brand durará Kierkegaard.

No comprendo que puedan llegar al condensado meollo de la dramaturgia ibseniana los que no hayan pasado por las tormentas espirituales por que pasó el solitario teólogo de Copenhague, suscitándolas más luego en el alma también atormentada y congojosa de Ibsen, otra víctima del mal de ojo de la Esfinge.

Inés recuerda a Brand en el drama ibseniano aquellas terribles palabras bíblicas que Kierkegaard solía recordar, aquella sentencia de: quien ve a Dios, se muere.

En las doctrinas de Kierkegaard, respecto a la relación entre los dos sexos humanos, al amor y al matrimonio, tal como las expuso, sobre todo en su *O lo uno o lo otro*, y en sus *Etapas del camino de la vida,* está el germen de la manera como vio Ibsen esa relación en la realidad de la vida. Pues no sirve decir que en un drama no hay doctrina filosófica o religiosa. Podrá no haberla predicada y expuesta didácticamente; pero el autor vio la realidad que traslada a través de los cristales de una filosofía o de una religión, y si no la vio así, no vio nada que merezca perpetuarse.

Y en estos nuestros países en que esa relación sexual se entiende y siente o del modo más ramplón o del modo más grosero, o ya litúrgica o ya sensualmente, en estas desdichadas tierras espirituales corroídas por el más infecto esteticismo proteico, la ética ibseniana tiene que ser, por fuerza, un misterio indescifrable. Donde hallan boga las patochadas de un D'Annunzio y donde el colmo de la emancipación de prejuicios es el llamado amor libre, no es posible que sean bien comprendidos, ni menos sentidos, los sacudimientos de Ibsen.

Y en los demás respectos ocurre lo mismo. Porque no es el amor sexual el eje de la dramaturgia ibseniana, y hasta en aquellos de sus dramas donde ese amor jue-

ga un papel no es fin y término único del conflicto. El
hacer de ese amor la ocupación más honda de la vida
es cosa que ha nacido, más bien que de la sensualidad,
de la limitación mental y espiritual de los pobres pueblos azotados por el sol. Para ellos la tentación bíblica,
la del fruto del árbol de la ciencia del bien y del mai,
con cuya comida se habían de hacer como dioses nuestros primeros padres, se ha convertido en tentación
carnal.

Yo no sé bien en qué consiste; pero la experiencia me
ha enseñado que, por acá al menos, la concupiscencia de
la carne ahoga a la soberbia del espíritu.

Y los héroes ibsenianos son soberbios, prometeicos, y
son castos como todo héroe.

Por aquí se siente una escreta repugnancia hacia el
«pato salvaje», y lo que llamamos belleza no pasa de
ser una alcahueta de la cobardía y la mentira. Lo que
entre nosotros se llama arte no suele pasar de ser sino
la verde capa florida que encubre y protege el charco
de aguas estancadas y mefíticas portadoras de la fiebre
consuntiva. Los «soportes de la sociedad» lo necesitan
contra el «enemigo del pueblo». *Ned quid nimis,* repi-
ten los miserables frente al «o todo o nada» de Brand.

«Quéjense otros —decía Kierkegaard— de que los
tiempos son malos; yo me quejo de que son mezquinos,
por faltarles pasión. Los pensamientos de los hombres
son quebradizos como agujas, y ellos, los hombres mismos, tan insignificantes como costureras. Los pensamientos de sus corazones son demasiado miserables
para ser pecaminosos. Un gusano podría tal vez tener
por pecados semejantes pensamientos, pero no un hombre creado a imagen de Dios. Sus placeres son discre-
tos y pesados; sus pasiones, soñolientas; cumplen sus
deberes estas almas de especieros, pero se permiten,
como los judíos, recortar el dinero; se creen que aunque nuestro Señor lleve sus libros en toda regla, se le
puede meter moneda falta de peso. ¡Fuera con ellos! Y
he aquí por qué se vuelve siempre mi alma al Antiguo
Testamento y a Shakespeare. Allí se siente que son
hombres los que hablan; allí se odia; allí se ama; allí
se mata al enemigo, se maldice a su descendencia por
generaciones; allí se peca.»

Leído esto, ¿no os explicáis la moral heroica de la dramaturgia ibseniana?

Y no hablo de anarquismo, porque éste ha llegado a ser entre nosotros, en fuerza de tonterías y de brutalidades, una palabra sin sentido claro.

Y ahora decidme: ¿Creéis que son capaces de pecar todos esos mozos aprovechados que van para ministros o para académicos? Sus aspiraciones son demasiado miserables para ser pecaminosas.

Y tampoco, mis jóvenes, vayáis a creer que el pecado se concentre sobre todo en el orden de la sexualidad, ¡no! No puede decirse que fuera un pecador bíblico, sespiriano o ibseniano aquel estúpido fanfarrón de Don Juan Tenorio, tonto a carta cabal, y si no le hubiese llevado a tiempo la sombra del Comendador, le habríais visto anciano respetable, defendiendo el orden, las venerandas tradiciones de nuestros mayores, la libertad bien entendida y el «pan y catecismo», y asistiendo piadoso a las solemnidades de su cofradía. Su inteligencia de carnero no daba para más.

¿No es para honrar la memoria de Ibsen para lo que aquí se nos convoca? ¿Sí? Pues tratemos de despertar entre nosotros, ya que estamos reunidos a su nombre, algo del espíritu de su espíritu, sin limitarnos a hablar del literato como tal mero literato, con esa pestífera indiferencia literatesca hacia el meollo y jugo ético y religioso de sus concepciones. Esto no es digno de él ni de nosotros. Eso debe quedar para los que sólo trataron de hacer arte, para los repugnantes esteticistas.

No he de hablar de su estilo, pues, ni de su técnica. No sé qué tal es su técnica teatral ni me importa saberlo. La técnica teatral y todo ese galimatías de si un asunto es o no dramatizable se reduce a la mezquindad de buscar el cobro de trimestres. Si un drama de Ibsen gustase al público de nuestro teatro, empezaría a dudar de su excelencia.

No he visto, gracias a Dios, representado ningún drama de Ibsen; no lo he visto enfangado en el espectáculo, en compañía de un montón de hombres y mujeres que no han de morirse por haberle visto a Dios la cara. No he padecido el tener que oír, saliendo de su representación, las eternas e insoportables tonterías de si

este o el otro carácter está o no bien sostenido, o si es
o no verosímil esta o aquella escena.

La verosimilitud se reduce para esos señores y señoras a la vulgaridad. Ante el caso de conciencia del
héroe, se preguntan: «¿Qué haría yo en semejante
caso?»; y al responderse: «Todo, menos lo que él hace»,
concluyen que es inverosímil. No gustan de ver excep-
ciones, porque la excepción los afrenta. No, no he oído
al señor que acaba de estrenarse en el Parlamento
—otro teatro— diciendo sí o no como Cristo le enseña,
decir, después de haber oído las palabras de fuego de
Grand, que este pastor de almas noruego no es real
porque él, el buen monosilabista, no se encontró jamás
al recorrer el distrito con un Brand, y si pasó junto a
él, no le conoció, porque Brand no da votos. «La victoria de las victorias es perderlo todo», grita Brand, y
esto no lo entienden... ésos.

Hay quienes van al teatro, los más, a ver y oír lo
que ven y oyen todos los días, sólo que literatizado y
estetizado un poco, a mirarse en el espejo de la realidad cotidiana, y por eso no voy yo allí. Los sujetos allí
representados son los mismos que me están amargando
y atosigando de continuo la vida. No encuentro en ésta
ni héroes ni almas tormentosas, ibsenianas, y en nuestro teatro tampoco las encuentro. La arrojaría de allí
nuestra honrada burguesía a nombre del buen gusto,
de ese apestoso y repugnante buen gusto. No quieren
los buenos saduceos que se les agrie la digestión noc-
turna.

Sea, pues, ni conmemoración hoy y aquí de Ibsen una
protesta en su espíritu; una protesta contra la miserable farándula del buen gusto y del *Ne quid nimis;* una
protesta contra la mezquindad de estos tiempos en España, de estos miserables tiempos españoles en que el
venerando nombre de Ibsen, y con él el no menos venerando de Nietzsche, sirven para proteger la desapren-
sión que se emplea en cazar destinos o posiciones sociales.

No celebramos a un literato, no.

Ibsen, el solitario, el fuerte —«nadie es más fuerte
que quien está solo», dijo Schiller y él lo repitió—; Ibsen, el gran desdeñoso —desdeñoso como Carducci, otro

espíritu radiante que acaba de sumergirse en las sombras de la muerte—, Ibsen no fue lo que aquí llamamos un literato, no, no lo fue.

Ibsen forjó su espíritu en el duro yunque de la adversidad, lejos de las embrutecedoras tertulias de los cotarros literarios, desterrado y solo; solo y lleno de fe en sí mismo y en el porvenir; solo y fuera de esa llamada república de las letras que no pasa de ser una feria de gitanos y chalanes.

Ibsen no derogó, no entró en el vil cambalacheo de los bombos ni en el degradante hoy por mí y mañana por ti, sino que esperó tranquilo, no su honra, sino la hora de su obra, la hora de Dios, sin impaciencias y sin desfallecimientos.

Esperó a que se hiciera su pueblo de lectores recogidos en vez de hacerse al disipado público desde luego. Y así fue su vejez, como ha sido la de Carducci, una solemne puesta de sol en claro cielo, sobre los fiordos de su patria coronados por nubes en ascuas de oro.

Su vida fue un poema dramático de bravía independencia, así como la de Kierkegaard, su maestro, había sido un poema trágico de heroica soledad.

La soledad es la solución favorita en los dramas ibsenianos; la soledad es el refugio de aquellas almas robustas y soberbias que pasan cortando el mar muerto de las muchedumbres que bajo el yugo de la rutina se ocupan en crecer y multiplicarse satisfaciendo a la carne esclavizadora y estúpida.

Salamanca, marzo de 1907.

LOS ESCRITORES Y EL PUEBLO

En el semanario madrileño *Nuevo Mundo* publicó, no hace mucho, Baldomero Argente —publicista inteligente y culto, y sobre todo muy sugerente— un artículo que llevaba el título mismo que pongo a este mío, y el cual artículo ha merecido la reproducción en *El Progreso Latino*, de Méjico, con una nota en que se hace constar que es allí de tanta aplicación como aquí en España pueda serlo. Y como en tal artículo se vierten doctrinas que me parecen perniciosas tanto para el progreso y esplendor de la literatura como para la cultura del pueblo, voy a tomarlo en cuenta.

Empieza Argente suponiendo que un su interlocutor, al oírle comparar a España con la Beocia, deplorando la escasa o nula influencia que ejercen sobre nuestra multitud el escritor, el periodista, el literato o el poeta, le interrumpe con algunas observaciones. Empieza por corroborar el hecho. Y añade que es escasa la influencia intelectual que el escritor español ejerce sobre su época.

«En vano las plumas mejor tajadas —dice— combatirán un prejuicio o una opinión vulgar; su voz se perderá en el desierto, y aparte de la eficacia de las razones, por valiosas que las aduzca, significarán poco su palabra y su actitud; le será rehusada esa fe, que nuestro pueblo sitúa tan pródigamente en cualquier charlatanismo, y que revela y gradúa la consideración que a cada uno de los modos de la actividad espiritual le es otorgada en cualquier época. De esta depresión en el influjo de los escritores proviene el aislamiento de los unos, la rebeldía de los otros y la humillante servidumbre de los más, sometidos a la interesada protección, lindera con la esclavitud, de intrigantes y corsarios de la vida pública que les son notoriamente inferiores en inteligencia y en virtud.»

El cuadro me parece recargado de tintas y no del todo exacto. La influencia del escritor español en su pueblo no creo que sea muy inferior a la de otros escritores en otros pueblos, y si nosotros, los que escribimos, nos quejamos muy a menudo de que no se nos hace caso, eso sólo quiere decir que nuestra influencia sobre el público no se refleja en provechos económicos inmediatos. Hablando en plata, de lo que nos quejamos no es de que no se nos haga caso, sino de que no se compren nuestros libros. Y un escritor puede muy bien influir mucho —por lo menos en ciertos espíritus— y vender poco, y otro vender mucho e influir poco. Porque si la influencia espiritual hubiera de medirse con ese metro, acaso resultara que la obra que ha influido más en España es la que nos cuenta las aventuras de Bertoldo, Bertoldino y Cacaseno.

Pasa luego el supuesto interlocutor de Argente, es decir, Argente mismo, a tratar de las causas del fenómeno, y amonesta gravemente a los escritores que culpan de ello al atraso del pueblo.

«Los escritores que increpan a todo un estado social —dice— porque les hace poco caso, porque no los sigue, ni los discute ni los exalta, obligándolos a que se encaramen a las tribunas complacientes para discutir entre sí y hacer, con extravagante anticipación, la propaganda de su obra futura, esos escritores no se han resuelto a hacer un breve examen de conciencia por si reside en ellos mismos el origen del mal que deploran.»

Y viene el examen de conciencia, en el cual nos dice Argente que «los escritores no escriben para la multitud y la multitud no encuentra en los escritores la voz de sus angustias y de sus anhelos, el canto de sus penas y la luz para sus peregrinaciones hacia otra tierra ideal que no sea la del sufrimiento o la iniquidad».

¡Qué bonito! Y sin embargo, en el fondo, ¡qué falso! Porque, en primer lugar, hace muy bien todo escritor que se estime y tenga conciencia de la gravedad de su oficio, en no escribir para la multitud esa, y hace bien en no hacerlo en beneficio y provecho de la multitud misma, o mejor dicho, del pueblo. La multitud no sabe cuáles son sus angustias ni sus anhelos; la multitud no sólo no sabe de ordinario lo que quiere más ni aun sabe dónde radica su mal. Porque si le duele la cabeza, puede estar el origen del daño en cualquier parte.

Dice luego Argente que no hay que apartarse del vulgo, porque en el vulgo están la fuerza y la pasión. No, ni la fuerza ni la pasión están en el vulgo, ni hay nada más deleznable y pasajero que los escritores llamados populares.

Luego nos habla de la torre de marfil. Cierto, la torre de marfil está desacreditada y es horrible cárcel más que otra cosa; hay que bajar a la plaza pública y pelear por el pueblo; pero para pelear por él no es menester confundirse y perderse en sus filas, ni unir la propia voz al grito inarticulado de la muchedumbre. Se puede y se debe pelear por el pueblo, por su bien, yendo contra el pueblo mismo. Aun a riesgo de pasarse lo mejor de la vida solo y aislado, pues a las veces no se logra una tarde de respeto y de gloria sino tras una mañana de aislamiento y hasta de desdenes.

Hay vidas que son una enseñanza. Entre ellas, la de Ibsen, que, tras de años de apartamiento de su patria, Noruega, volvió al cabo a recoger el fruto de su áspera y ruda sinceridad. Y la otra, la de Carducci, indomable espíritu, lo ardiente de cuyo patriotismo le forzó a llamar vil al vulgo de su patria, Italia.

En el discurso que el gran patriota italiano leyó en agosto de 1873, en una reunión de la Liga para la instrucción del pueblo, decía, tratando de la literatura llamada popular:

«Otra señal de nuestra vejez es el andar poniendo siempre aparte de los demás géneros un género por sí: la literatura popular. Toda literatura en la virilidad es popular por fuerza propia, por necesidad de las cosas; en la juventud, pues, es obra más o menos del pueblo mismo. Cuando en un siglo enteramente civil y consuetudinario surge una escuela literaria que busca y halla su única razón de ser en la necesidad de proclamar altamente sus intenciones populares v de ponerse en la gala de las formas populares, y cree deber y poder hacer novelas, poemas, libros a propósito para el pueblo, con alma y lengua todas del pueblo; cuando esto ocurre, quiere decir que aquel siglo en que tal cosa sucede puede tener por lo demás muchas virtudes y excelencias; pero es lo cierto que está muy lejos de la virilidad y de la juventud del arte. Semejante literatura, vieja ella, se imagina al pueblo como un niño grande, y le cuenta cuentos y le canta canciones de cuna. Cierto es que no quiere aparecer vieja y por eso se da afeites; pero en el sudor fatigoso de dárselos se le ocurre y gotea el colorete por las arrugas de la dicción, y entre los falsos garbos de un hacer vivo y suelto, de repente, en las pretensiones sentimentales y en la afectación de llevarlo todo a un fin útil, moral, civil, asoma la vieja calculadora.»

Y prosiguiendo, Carduci decía que el advenimiento de la plebe es una necesidad histórica, sólo que ni debe, ni aun queriéndolo podría sobreponerse al orden y menos destruirlo violentamente. «Ella, corriente primaveral de vida, infundiéndose en los otros elementos sociales, los desheredará y los compenetrará mezclándose. Entonces el estado, la religión, la filosofía, el arte serán verdaderamente y sanamente innovados, entonces existirá finalmente el pueblo; el pueblo uno, igual, libre.»

Mas entretanto, añado yo, lo más fácil es que esos escritores que pretenden bajarse hasta la plebe, en vez de esperar que ésta suba hasta ellos, no hacen sino entorpecer y alargar la obra santa de la conversión de la plebe en pueblo, obra en vía de marcha.

Hay que apartarse del vulgo, sí, y hay que apartarse de él en beneficio y pro del vulgo mismo. El que alcanzó una cima cualquiera, debe desde ella abrir los brazos y dar voces llamando a los demás a la cima y no bajarse so pretexto de mostrarles el camino, porque lo perderá él mismo y no podrá darles el ánimo que desde arriba les da.

No es exacto que el pueblo no entienda, y sobre todo que no sienta a esos escritores que parecen elevados sobre él; los siente muy bien, aunque sólo sea en parte. Y aquí no se me ocurre sino remitir al lector a lo que al efecto escribí en mi *Vida de Don Quijote y Sancho* al comentar el discurso del caballero a los cabreros. Sin entenderle del todo le entienden, o mejor le sienten muy bien.

Carducci decía que esos fraguadores de una literatura popular consideran al pueblo como un niño grande. Y así es. Y los que escriben para niños afectan puerilidad y hacen como aquellos padres necios que se figuran ser mejor entendidos de sus hijos de lengua aún balbuciente, balbuciendo ellos.

Pocas cosas, en efecto, conozco más deplorables que las conferencias que se llaman populares. Cuando un hombre de una cierta cultura se esfuerza por ponerse popular, lo que se pone es ramplón, trivial y ridículo. Y en más de una ocasión he oído a obreros muy avisados que salían de oír semejantes sujetos exclamar: «¡Por quién nos habrá tomado este tío!...»

Una cosa es apartarse de una literaturia sin alma y sin pasión, fría y estéril, como dice Argente, y otra cosa muy distinta acercarse al vulgo.

«De vez en cuando —añade Argente— suena una nota agria y díscola, explosión de un noble espíritu que rompe en dicterios e invectivas contra la sumisión y la ñoñez generales. Pero fuera de esos aislados gritos de cólera y rebeldía, las letras españolas cultivan casi exclusivamente su huerto de egoísmo.»

Notas agrias y díscolas contra la ñoñez general lanzó el noble espíritu de Carducci; pero jamás se bajó a mezclarse con el vulgo el poeta más hondo, más profundamente popular de Italia, el que al principio de sus *Odas bárbaras* estalló contra la usada poesía que se entrega al vulgo, y sin palpitaciones se tiende y duerme bajo los acostumbrados abrazos.

Por lo demás, acaso es cierto lo del egoísmo, y no menos cierto lo que añade Argente de que en mano de los propios escritores está el redimirse, si consideran que para ser los más fuertes lo primero no es la inteligencia ni la cultura, sino el corazón. Pero ¿es que acaso no es tan difícil hacerse corazón como hacerse cultura o inteligencia?

Y concluye: «Cuando cada aflicción de la muchedumbre tenga en el escritor su espejo, y cada oscuro presentimiento de los núcleos sociales se cuaje y condense en la palabra escrita; cuando los escritores no vivan para sí propios ni para sus provechos, sino haciendo de su alma ofrenda viva y perenne al amor de su raza y de su tiempo, el tiempo y la raza les devolverán la energía, la influencia, el poder avasallador sobre los sentimientos colectivos, y los escritores sentirán pasar por sus venas el cálido espíritu que rejuvenece y fortifica: el espíritu de la verdad y del bien, sin los cuales toda obra intelectual es obra de corrupción.»

Todo esto está muy bien, sin duda; pero hay que hacer notar que las muchedumbres no conocen bien sus propias aflicciones, ni reconocen desde luego al que mejor las refleja. Y ocurre con lamentable frecuencia que prestan sus oídos antes al curandero charlatán que al médico inteligente y conocedor de sus males.

En el fondo del artículo, por lo demás muy bienintencionado y en parte muy justo, de Argente, palpita el sofisma democrático, ese sofisma que tan pernicioso es para el pueblo mismo, en obsequio al cual lo difunden.

«El pueblo —ha dicho un escritor— odia la verdad.» Y es cierto que la odia cuando la verdad no le es grata. El pueblo quiere que lo adulen, lo diviertan y lo engañen, aunque a la corta o a la larga acabe por despreciar y repulsar a sus aduladores, divertidores y engañadores. Es preciso, lo repito y lo repetiré aún mil veces, luchar por él contra él mismo.

Me explico muy bien —¡no he de explicármelo!— el que ciertos escritores se gloríen más que de otra cosa alguna de las antipatías que recogieron en torno a su cabeza; comprendo perfectamente —¡no he de comprenderlo!— que lleven como prenda de un porvenir noble la cosecha, no ya de desdenes o de dicterios, sino de burlas. Simpatizo más que con nadie con esos solitarios que huyen del vulgo, cuando el vulgo está a punto de proclamarlos reyes, como hizo el Cristo.

Y si luego se quejan de no ser oídos, es muy natural y muy justa su queja, porque es quejarse de que el vulgo sea vulgo, y no de otra cosa. Y esa queja es uno de los medios más eficaces de moverle al vulgo a que deje de serlo, a que se esfuerce por perder su vulgaridad.

Más desgracia, muchísima más desgracia ha caído sobre nuestra literatura del empeño que ciertos escritores ponen en acordarse con el vulgo y vulgarizarse, que no del empeño opuesto. ¿De qué sino de ese empeño, y empeño interesado, proviene la mayor parte del rebajamiento de nuestro teatro cómico?

No, no hay que predicar aquello de que el vulgo es necio, y pues lo paga, es justo hablarle en necio para darle gusto; demasiado lo saben nuestros escritores.

Ahora lo que hay que hacer notar es que ese apartamiento generoso y voluntario del campo del vulgo puede no ser cosa de egoísmo ni de falta de pasión y de interés por el pueblo; puede y suele muchas veces provenir de este interés mismo.

Y en cuanto a esa recompensa de que al final de su artículo habla Argente, ella suele llegarle al escritor sin que tenga que bajar de su cima solitaria a mezclarse en la muchedumbre, cuando ésta, corriendo el tiempo, llega a la cima aquella, desde la cual el solitario le llamaba a voces y abriéndole los brazos.

Salamanca, abril de 1908.

POLÍTICA Y CULTURA

Luis de Zulueta es, de todos los actuales publicistas catalanes —publicista catalán, pero en castellano, que es la lengua de que casi siempre se sirve Zulueta—, el más sereno, el de más amplio criterio, el más comprensivo. Conozco pocas labores más nobles que su labor en *La Publicidad*, de Barcelona.

En estos tiempos en que Barcelona pasa por una calentura política y apenas se escribe ni se lee en ella sino lo que se refiere a la Solidaridad, al catalanismo, a las reivindicaciones regionales, etc., es más de admirar este hombre que de cuando en cuando lanza, en medio del fragor y la polvareda de la lucha, palabras sobre las cuestiones eternas.

En el número de *La Publicidad* de anteayer, 9 de julio, publica un artículo, titulado «La educación moral», precedido de unas consideraciones muy dignas de comentarios.

Empieza diciendo:

«Uno de los motivos, acaso el mayor, que hay para tener esperanzas en la actual actividad y hasta en la actual inquietud de Cataluña, es ver que el movimiento político viene precedido y acompañado de cierta fermentación de ideas generales y de repetidos esfuerzos por la cultura.

»El ideal eterno humano —la libertad— ha intentado encarnar en el mundo, en la realidad histórica, bajo los más variados aspectos, desde el misticismo hasta la eco-

nomía política. La cultura parece ser la fórmula contemporánea de la libertad.»

Aquí he de manifestar que me parece que a Zulueta
le engaña su buen deseo y su amor a su país nativo. Las
ideas generales hoy en Cataluña no son, a lo sumo, más
que pretextos para vestir un poco dignamente las pasiones políticas Y no hace aún muchos días que uno de
los guiones del movimiento catalanista declaraba que
todo problema político universal y permanente, funda-
mental, los problemas de la libertad de conciencia, de
la distribución de la riqueza, etc., hay que dejarlos de
lado hasta que se resuelva lo que a ellos, a los catalanistas, les interesa por ahora.

Y en cuanto a los esfuerzos por la cultura, habría mucho que hablar. Pues en el tan cacareado presupuesto
de cultura que se ha discutido en el municipio de Barcelona, de lo que trataban casi todos era de sustituir
la enseñanza en castellano por la enseñanza en catalán,
y más que por amor al catalán, por aversión al castellano.

Sigue diciendo Zulueta:

«Sin embargo, en cultura, en la especulación filosófica, en la investigación histórica, en método de trabajo
científico, Cataluña queda todavía, por desgracia, un
poco fuera de la corriente central de pensamiento y de
estudio. ¿Por qué no decírnoslo con entera lealtad? Ni
siquiera tenemos esa docena de espíritus escogidos, depositarios de una tradición intelectual española, que,
desde Madrid, van colaborando con heroica devoción a
la obra universal de la ciencia. Tenemos, eso sí, en
Cataluña, una confianza, y a veces excesiva, en nuestra
acción, y tenemos, sobre todo, la voluntad de la acción,
la cual nunca es excesiva, porque hay que querer, querer siempre, "querer aun cuando no se pueda".»

Esa confesión de que en Barcelona no hay ni siquiera
esa docena de espíritus escogidos, depositarios de una
tradición intelectual española, que desde Madrid va colaborando en la heroica devoción a la obra universal de
la ciencia, es una confesión que no es la primera vez
que sale de boca de un catalán. Y no está de más aña-
dir que los catalanes que han colaborado en la heroica
devoción a la obra universal de la ciencia, lo han hecho

en castellano. Su propia lengua ha quedado siempre para las expansiones o concentraciones —más esto que aquello— líricas.

Y si en Madrid —y en otros puntos de España que no son Madrid— hay algunos espíritus dedicados a esa obra heroica de la cultura permanente, es porque viven en un ambiente que no está caldeado por la fiebre política.

Cuando case sobre un pueblo la preocupación política, parece como que todas las demás actividades espirituales, y sobre todo las más elevadas, sufren una especie de parada y estancamiento. No hace mucho, me escribía un amigo filipino: «Hoy aquí no se puede hablar de obras de ciencia, literatura o arte; los jóvenes intelectuales todos están absorbidos por preocupaciones políticas.»

Y el pueblo catalán ha sido siempre, y es hoy más que nunca, muy exclusivamente político. Las elecciones de la Solidaridad fueron una maravilla política, pero no se ve su influjo en la cultura.

No hace muchos días, un diario catalán, comentando la indiferencia con que el resto de España ve las cuestiones de régimen administrativo que se debaten en la ley de Administración Local, decía que eso debe de obedecer a una distinta mentalidad que la suya, la de los catalanes, y claro está que donde puso «distinta» quiso decir inferior.

Lo que hay es otra cosa, y es que mientras los catalanes se mueven y agitan y hablan —sobre todo hablan— en *meetings* o *metingues,* en asambleas, en *aplechs* y organizan toda clase de manifestaciones públicas políticas, los demás, calladamente y poco a poco, van haciendo su industria, su agricultura, su comercio, su instrucción pública. Sin necesitar para ello pedir más autonomía que la que tienen.

Toda España está progresando y está progresando muchísimo, digan lo que quieran los agoreros de desdichas; pero no es Cataluña la región que progresa relativamente más en España. Sin agitarse ni hablar, sin *metingues* ni asambleas, va progresando el cultivo de los campos en regiones que los catalanistas estiman muertas porque no hablan. Sobre este adelanto del resto de España, junto a ellos y, si se empeñan, contra ellos, les ha llamado hace poco la atención el más conspicuo de sus actuales consejeros políticos. Y es que empiezan a enterarse.

Claro está que no se entera de tales cosas uno de esos tradicionales viajantes de comercio que, al llegar a un pueblo, lo declara atrasado y levítico porque no hay en él muchas altas chimeneas vomitando humo. El humo es todavía para muchas gentes el principal signo de progreso. Pero los que saben ver más que humo en el cielo y algo más que un buen encachado en el piso de las calles, se enteran de esas cosas.

Y en el respecto de la cultura espiritual es innegable que desde hace unos pocos años se lee en España enormemente más que se leía antes, y hay más solicitud por las cosas de instrucción pública, y aquello del enorme número de analfabetos va siendo ya un lugar común que se repite sin tomarse la molestia de comprobarlo. Y esta preocupación no es mayor en Barcelona, donde la instrucción pública ha estado siempre bastante descuidada.

Pero sigamos con Zulueta. El cual, a renglón seguido del último párrafo que de él he transcrito, añade:

«Se ocurren por fuerza estas reflexiones cada vez que un libro o una revista nos hablan de alguno de esos temas de psicología experimental, por ejemplo, o de historia religiosa, que concentran las indagaciones científicas en la hora presente. Cualquier pequeña ciudad de Suiza o de Bélgica aporta su contribución a estos temas, más modesta o más valiosa, pero siempre incomparablemente mayor que la de una ciudad de 600.000 habitantes como Barcelona.»

¿Para qué va a estudiarse en Barcelona un tema de psicología experimental o de historia religiosa? ¿Qué tiene eso que ver con las aspiraciones políticas del catalanismo? Además, semejantes temas, aunque al parecer inocentes, si se pusiesen de moda, acabarían por introducir gérmenes de división dentro de la Solidaridad.

¡Pues ahí es nada! Psicología experimental..., historia religiosa... Estas cosas nos llevarían pronto a dividirnos en liberales y católicos, y es lo que, ante todo y sobre todo, se trata de evitar. Por ahora, lo importante, lo urgente, es constituir la nacionalidad catalana, establecer el catalán como lengua oficial, evitar los avances del castellano, este idioma internacional que está llamado a ser tal vez el primero del mundo, y luego trataremos de lo demás, en catalán.

Se ha dado el caso, soberanamente ridículo, de haber traducido al catalán algunas de las obras de aquellos catalanes ilustres que, como Capmany, Balmes, Pi y Margall, Milá y Fontanals, etc., contribuyeron con heroica devoción y en castellano a la obra universal de la Ciencia.

La fiebre política, esperamos que de ello se convenza alguna vez nuestro buen amigo Zulueta, no es lo más favorable para el desarrollo de la cultura. Lo cual no quiere decir, claro está, que un ciudadano haya de desinteresarse de los problemas políticos ni aun a pretexto de que la ciencia, el arte o la literatura le embargan el ánimo. Estuvo, sin embargo, muy bien Ramón y Cajal cuando rechazó la idea de que le hiciesen ministro. Tiene otro modo de servir, y hasta de servirla políticamente, a su patria. Una de las cosas más perniciosas de nuestro ambiente público es la tendencia a impulsar hacia la política a cualquier espíritu que se señale y distinga en un campo cualquiera de la cultura humana. Tal diputado catalán solidario hay que serviría mejor a Cataluña haciendo sonetos que no haciendo discursos.

Salamanca, julio de 1908.

LA CIVILIZACIÓN ES CIVISMO

Acaban de verificarse en España las elecciones generales de diputados a Cortes, y la lección que ellas nos dan nos sume en el desaliento a los españoles que soñamos en la resurrección espiritual de la patria.

No esperéis, lectores americanos, que vaya a hablaros de política española, no. El asunto me es desagradable y no gusto de entretener a los de afuera con chismes y miseriucas caseras que, en resultado de cuentas, deben tenerlos sin cuidado. Procuro caer lo menos posible en el vicio de los escritores y publicistas españoles de no saber hablar sino de lo suyo, «visto desde su propio punto de vista nacional», que es mezquino y pobre, y si añado lo de visto desde su propio punto de vista nacional, es porque creo que debe hablarse de lo de la casa, pero elevándolo y presentándolo bajo el aspecto más universal que se pueda.

Voy, pues, a tomar pie de lo que acaba ayer de ocurrir en nuestras elecciones generales, para trazar principios de aplicación general y sacar enseñanzas que ahí puedan interesar.

El Gobierno ha obtenido una abrumadora mayoría. Esto no hay para qué decirlo: es el abecé de nuestra política. No se ha conocido en España un Gobierno que haya perdido unas elecciones, y para ganarlas no necesita de grandes esfuerzos ni de apretar con exceso los tornillos electorales. Le basta con dejar que obre el natural servilismo de los pueblos. El candidato ministerial lleva ya una fuerza en ser ministerial, encasillado por el Gobierno, pues como del diputado lo que se espera no son leyes, sino favores particulares, conviene tener uno que esté a bien con los que mandan. Y así como en el comercio, un modo de ganar crédito es hacer creer que se goza ya de él, lo mismo en política.

Dicen que España es católica. Pues bien, los más de los candidatos que se presentan como católicos tienen que gastarse grandes sumas para obtener el acta: tienen que comprarla. Lo cual quiere decir, o que la masa de católicos se recluta en España entre los más pobres, o que los católicos no votan si no se les paga el voto. El catolicismo es una cosa que se compra y se vende en España, a lo que parece.

Pero en lo que quiero detenerme es en el hecho de que la inmensa mayoría de los diputados adictos —esta vez conservadores y reaccionarios aún mejor— sean diputados rurales. La oposición la dan las ciudades, y las ciudades es lo único consciente que hay hoy en España. El campo está, en general, sumido en la ignorancia, en la incultura, en la degradación y en la avaricia.

Lo más grande, lo más noble, lo más civilizador que tiene el movimiento grandioso de la llamada Solidaridad catalana, es que ha sido la ciudad, Barcelona, constituyéndose en conciencia directora de Cataluña toda. Ha sido la civilización de Cataluña, tomando el vocablo civilización en su estricto sentido, en el sentido de hacer a un pueblo civil, ciudadano, dotado de espíritu de ciudad.

La ciudad contra el campo: tal es la lucha. Las ciudades españolas empiezan a entrar en la Edad Moderna, mientras el campo vive en la Edad Media.

Aquí, en esta ciudad de Salamanca, en que escribo, se vio ayer mismo, día de las elecciones, un espectáculo noble y consolador. Luchaba un liberal, aunque tibio y receloso, pero liberal al cabo, contra un pobrecito fanático que se presentaba como católico. Éste, que goza de regular fortuna, pagaba los votos e iba a comprar el acta. Y aquí, en la ciudad, que es una ciudad liberal, y por lo que hace a las clases populares, radical, obtuvo el liberal una gran mayoría sobre el comprador de conciencias. Obreros a quienes no les sobra qué comer, rechazaron la vergonzosa oferta.

Pero el distrito electoral no lo constituye la ciudad sola —que apenas si llega a 30.000 habitantes—, sino que lo forman con ella unos cincuenta pueblecillos que la rodean. Y en éstos, los colonos y criados que cedían a imposiciones de los amos y los miserables que vendían su voto, han contrapesado la mayoría ciudadana del candidato liberal. Y es que puede encontrarse un obrero de ciudad que, no teniendo para cenar aquella noche, rechace, sin embargo, el peso o dos que le ofrezcan por su voto, pero es difícil encontrar un riquillo de aldea que no se venda por uno o dos o veinte pesos. La cosa está en dar con el precio. La característica de nuestro campesino —acaso la de los campesinos todos, por lo menos de Europa— es la sordidez. El aldeano es codicioso y avaro.

Y el aldeano es tristemente inconsciente. Masas enteras de campesinos ignoran quién goberna. No creen en la ley ni en su eficacia. Están convencidos de que todo se obtiene por el valimiento del cacique.

Da pena, hondísima pena, internarse por nuestros campos, lejos de las grandes vías férreas y aun junto a ellas. Los pueblos dormitan en la inconsciencia social.

Y a esta inconsciencia se la halaga; de esa masa informe se dice que es lo mejor de la nación; se exaltan las virtudes de esos desgraciados que vegetan y apenas dan señales de vida sino con estallidos de pasiones primitivas y salvajes. Los crímenes más brutales, más propios de bestias, de que he podido enterarme desde que vine a esta región —una de las que acusan mayor criminalidad en España—, han sido crímenes cometidos en el campo y por campesinos, no en la ciudad ni por ciudadanos.

La experiencia demuestra aquí que la criminalidad bestial, repugnante, está en razón inversa de la densidad de población. Cuanto más densa es aquí la población, es más morigerada y sus delitos pierden en repugnancia y en barbarismo.

Y se comprende, porque el peor consejero es el aislamiento. En una gran urbe las pasiones se distraen mucho más fácilmente. Podrá en ella el hombre caer en frivolidad, pero no cae en barbarie tan fácilmente.

Esa triste inconsciencia de las masas desparramadas por el campo es aliada de todo conservadorismo y hasta de toda tiranía. En ella se apoyó vuestro Rosas; de ella vivió nuestro carlismo. Y ahora es ella el apoyo de lo más vergonzoso de nuestra gobernación pública.

Y esto que pasa aquí, pasa en otras partes, pasa en Alemania. Pues es sabido que los diputados socialistas del Reichstag, siendo muchos menos que los diputados del centro católico, suman un número de votos muchísimo mayor. El número de electores del Imperio, dividido por el número de diputados, viene a dar unos 10.000 para cada uno. Casi todos los diputados socialistas pasan de él; algunos llegan a 40.000 votantes, y hay diputado católico bávaro que lo es por cuatro o cinco mil votos.

Y así ocurre con la fuerza del catolicismo en otras partes.

Me hablaba un día un católico de cómo aumentan sus correligionarios en los Estados Unidos y le repliqué: «Sí, como aumentan los conejos en Australia, porque el proletariado irlandés, polaco, italiano, etc., de que el catolicismo norteamericano se compone, es muy prolífico; pero dígame: ¿cuántos hombres de primera fila, estadistas, científicos, filósofos, poetas, son católicos allá?»

Y una cosa análoga nos sucede aquí. El campo ahoga a la ciudad; la masa rural es una terrible cadena que llevan en los pies los ciudadanos. Todo progreso político y cultural se embota en el campo. El ruralismo nos pierde.

Esto sólo se curará industrializando la agricultura, introduciendo la maquinaria en los campos y fomentando la concentración de las masas campesinas en las ciudades.

Se habla de esta concentración como de un gran mal, y me parece que eso es hablar de ligero. La concentración es un efecto de la industrialización de la agricultura.

Vuelvo a repetir lo del origen de la palabra «civilización». Civilización viene de civil y civil de *cives*, ciudadano, hombre de ciudad. La civilización nació en las ciudades y es ciudadana. La civilización es Atenas, Alejandría, Roma, Venecia, Londres, París... Sarmiento tuvo en esto, como en tantas otras cosas, visión penetrante y larga.

Y en España están aún por civilizar en su mayor parte. El carlismo, que no es sino ruralismo —hasta cuando lo profesan ciudadanos, porque el campo puede meterse en espíritu en la ciudad, lo mismo que la ciudad puede meterse en espíritu en el campo—; el carlismo, más o menos transformado y bajo otros nombres, es aún el principal obstáculo para la civilización española.

En mi país vasco es frecuente oír himnos a las virtudes campesinas y a la pureza de costumbres de los aldeanos. Y sin embargo, mi paisano el vasco de las villas me parece superior en sentimientos al de los caseríos. En las pequeñas villas de mi tierra vasca no son tan frecuentes los casos de sordidez despiadada que tanto abunda entre los aldeanos, que dejan morir de hambre a sus padres, o poco menos, cuando éstos no son ya útiles para el trabajo. Y es curioso, además, observar que el movimiento conocido por el bizkaitarrismo nació en Bilbao y se alimentó en las villas más que en el campo. El campesino es, además de sórdido y despiadado, receloso y desconfiado.

Y con esa inercia campesina, con ese tremendo peso muerto, con esa funesta inconsciencia, es con lo que se cuenta para gobernar. Todo eso envía al Parlamento un montón de grandes propietarios o de criados de ellos, de señoritos ignorantes, de *sportsmen* incultos, de niños góticos, de ricachos empedernidos y, sobre todo, de insignificantes que están a merced de la voluntad del que manda.

Cierto es que las ciudades, a su vez, envían una minoría de gente algo más enérgica y más despierta, más inquietadora, más revoltosa; pero se ha hecho moda el fingir desdén a éstos, teniéndolos por unos bullangueros y charlatanes. Toda esa masa de representantes a que aludía arriba no comprenden el valor de la pura agitación y se indignan de quien no les deja hacer la digestión con sosiego o los obliga a no abandonar su servil puesto.

Y por encima de todo esto, coronándolo y sellándolo, se alza la más huera y más insustancial abogacía. La abogacía es uno de los peores azotes de nuestra España contemporánea. Casi todos nuestros caudillos políticos son abogados —tengan o no bufete—, y no son menos abogados los que no poseen siquiera el título de licenciado en Derecho.

Llamo abogacía al modo de enfilar los asuntos como si se tratara de un pleito ante tribunales, o la especial sofistería que se cultiva en estrados. Y nuestra política no es más que abogacía. Los abogados han llevado a ella todas sus miserables triquiñuelas, todo su repugnante legalismo, ese legalismo que se cifra en lo de «hecha la ley, hecha la trampa». Nadie peor para legislar que quien formó su espíritu aplicando las leyes.

Y el abogado siente una secreta simpatía por el rústico, así como el rústico por el abogado. Los campesinos son pleitistas. La mentalidad del campesino es una mentalidad que rara vez pasa de la comprensión de las cosas abogadescas. Todo aldeano lleva un abogado dentro, así como todo abogado, por muy ciudadano que sea, lleva al rústico. Uno y otro, el rústico y el abogado, son incapaces de verdadera sinceridad y, por consiguiente, de verdadero espíritu científico. El uno paga para que le den la razón, aunque no la tenga, y el otro cobra por darle la razón que no tiene.

Y en política lo mismo: la abogacía se apoya en el rusticismo y el rusticismo en la abogacía.

«El mal de la República Argentina es la extensión», dijo Sarmiento. Pero la República Argentina, como no tenía tradiciones agrícolas, como su suelo era virgen o sin dueño, como no padecía de latifundios tradicionales, aunque padeciese de extensión, pudo desde muy pronto industrializar su agricultura, y hasta se ha visto obligada a ello por las condiciones mismas de su población y su suelo, y ha podido en una extensión seis veces mayor que la de España, y con poco más de la cuarta parte de población que ésta, formar una gran metrópoli de un millón de habitantes. Y por mucho que se exageren los males —unos sólo aparentes y otros pasajeros— de este fenómeno social, el hecho es que la ciudad es civismo y el civismo es civilización.

Desde hace tiempo se oye hablar en Barcelona con insistencia de lo civil. Es un sentimiento que allí se

fragua. Y lo cierto es que por mucho que se insista
en las deficiencias de la sociabilidad barcelonesa —y yo
soy, acaso, uno de los que más hincapié han hecho en
ellas, exagerándolas tal vez, y eso porque me duele que
no sea perfecta Barcelona—, por mucho que las ponde-
remos, siempre resultará que es hoy el modelo de ciudad española, que es donde se está formando una ciudad
en toda la extensión moral de este vocablo.

Barcelona es ciudad, mientras que Madrid no es sino
corte. Y Barcelona da hoy el ejemplo de lo que todas
las ciudades españolas deben hacer.

Lo malo es que ni escarmentamos ni aprendemos, y
así como empujamos a filipinos y a cubanos al separatismo, estamos empujando a él a los catalanes. Porque
los verdaderos laborantes del separatismo hay que bus-
carlos entre estas duras cabezas cabileñas, de una mentalidad, cuando no rudimentaria, recia, que se obstinan
en plantear los problemas políticos con un violento dogmatismo teológico y en establecer principios indiscuti-
bles. Y así como el teólogo sostiene que niega la existencia de Dios quien no lo concibe como él o quien en
Dios cree, no por las pruebas que el teólogo establece,
sino a pesar de ellas, así estos teólogos del patriotismo
tachan de antipatriota a quien no siente o no comprende la patria como sienten o la comprenden ellos.

Y esta crisis del patriotismo está íntimamente ligada
con la oposición entre civilización y ruralización. La
patria es, ante todo y sobre todo, la ciudad, y la patria
es un medio para la civilización y no el fin de ésta.

Salamanca, abril de 1907.

GLOSAS A LA VIDA

SOBRE LA OPINIÓN PÚBLICA

Al concluir el alcance postal de un diario de esta ciudad de Salamanca, alcance en que se relata la sesión del Congreso del día 28, se dice a la letra:

«Sostiene que quienes no leen periódicos suman más votos que los lectores de los mismos.» (Rumores.)

Es evidente; mas no creo que la afirmación del orador —el señor Maura— se limitase a esa que en España resulta una perogrullada.

Perogrullada, digo, pues en nación en que no saben leer el 49 por 100 de los adultos —tal es la cifra que da el último censo—, y en que las dos terceras partes de los que dicen saber leer no acostumbran hacerlo, y aunque sepan leer apenas si pronuncian, como el burro del gitano del cuento, claro es que suman más votos los analfabetos. Y votos son triunfos.

Otra cosa sería si, como debiera hacerse, se privase del voto a los analfabetos, medio el más sencillo de establecer votos de calidad. Con ello se ganaría no poco.

Sospecho, y para corroborar esta sospecha no quiero esperar a leer el *Diario de Sesiones,* que no sólo se hablaría de los votos de los analfabetos y los semianalfabetos —llamando así a los que, aun pudiendo en realidad leer si se tercia el caso, no acostumbran leer—, sino también de su opinión, contraponiéndola a la opinión que fragua y zarandea el «cacicato de la publicidad». Más de una vez se apela, ya a las claras y

abiertamente, ya a las oscuras y solapadamente, a la
opinión de los analfabetos, es decir, a la opinión de los
que no la tienen, y menos en aquellas cosas en que a su
sentir suelen apelarse.

La proposición podrá sonar en muchos oídos a enor-
midad; pero hay que decirlo claramente una vez más:
los que no leen periódicos, no tienen opinión más que en
aquellos negocios en que directa y personalmente están
comprometidos sus intereses, o en aquello que se refiere
inmediatamente a su oficio, no tienen conciencia alguna
de ciudadanos, no son más que nacidos y residentes en
España.

Y esto en España es de máxima importancia, porque
de un extremo y de otro del campo político se halaga al
pueblo, a las masas, y se quiere fundamentar doctrinas
en el sentir de él. No, las honradas masas son muy
honradas; pero carecen de opinión y de conciencia social, y ni se puede ni se debe contar con lo que ellas
aparezca que creen y piensen, porque ni creen ni piensan nada en realidad. Suele decirse que nuestro pueblo,
nuestra primera materia social, es excelente; pero toda
materia prima necesita de forma que la anime, y la
opinión pública es forma, y forma que no brota de
la materia popular.

Pasan en España por opiniones y creencias de la mayoría las que no son tales, porque esa mayoría ni opina ni cree lo que de coro le han enseñado a repetir. Los
que se agitan y se mueven y trabajan la opinión, y leen
periódicos y acuden a reuniones públicas y votan espon-
táneamente, sin esperar a que los lleven a votar abo-
rregados, ésos son muchos menos que los otros, que
los analfabetos, los semianalfabetos, los beocios y los
neutros —neutros o por pereza espiritual o por estul-
ticia mental—, y esta minoría es la única que cuenta y
debe contar. Los otros no merecen que nadie les supon-
ga tales o cuales opiniones, juzgando por las que oficial-
mente y de rutina dicen profesar. Y en esa minoría,
que es la conciencia pública de la nación, son mayoría
los que no comulgan con las doctrinas que se dicen ser
las de la mayoría de los españoles, por ser aquellas cuya
letra muerta, que no es el espíritu vivo, se les enfusó
en la retentiva.

Para votar, para llenar pliegos de protestas, para hacer bulto, para ir en rebaño por calles o campos, son mayoría los que no leen periódicos y aun los que no saben leer —que muchos de éstos firman los dichosos pliegos—; pero para opinar y promover el progreso del espíritu y el pensamiento público, para esto no, no son más ni son menos; sencillamente no son.

Y así estamos viviendo en esta otra mentira, en la mentira de que domine en España una opinión que no es la que verdaderamente domina. Y quien pretenda apoyarse en la supuesta opinión de esa mayoría puramente numérica —iba a decir puramente animal, y no en el mal sentido de la palabra— y en ella funde su derecho a imponerse arrogantemente, ése es el verdadero demagogo.

Hay lo que en el lenguaje hipócrita ya consagrado llamamos opinión reaccionaria, ultramontana, clerical y con otros nombres análogos e igualmente anfibológicos. Pues bien: cuando esa opinión echa a luz un órgano en la prensa, por mucho que se esmere y gaste y trabaje el artículo, ese órgano languidece y jamás alcanza el éxito de los diarios más o menos liberales. ¿Por qué? Porque no es ésa, la de aquéllos, la opinión de la mayoría. «Es la de los que no leen diarios, o porque no saben leer, o porque leen mal o porque no pueden o no quieren leerlos», se dirá; a lo que se contesta: «Si supieran leerlos y acostumbraran leer, acabarían por dejar aquellos diarios, si es que no empezaban por darlos de mano.» La conciencia del país es liberal, sea lo que fuere su inconciencia, que aun de esto habría mucho que hablar.

La opinión se fragua por una minoría y se refleja en los diarios, que por reflejarla circulan más, y ésa minoría es la única parte de la nación capacitada para marcarla rumbo político. Otra cosa es demagogia y no democracia, y entre las demagogias no es peor la roja que la blanca, y la blanca se apoya en los votos de los que no leen ni periódicos ni otra cosa alguna.

La beocia no opina, ni lee periódicos, ni aun vota —se firman las actas con supuestos votos—; mas cuando la caldean alguna vez se tira al monte. La beocia aborrece por instinto todo lo que se sale de su nivel, y todo lo que se aparta del cauce en que viene corriendo su pensamiento muerto, las apariencias de ideas que le han alojado en el cerebro, y es ese instinto de demagógica nivelación espiritual lo que atizan en ella los servidores de la tradición estancada.

Nada más fácil ni más cómodo que decir: «Mis doctrinas, el sentido que represento, son las doctrinas y el sentido del pueblo que calla, trabaja, ora y sufre», porque como este pueblo no tiene doctrinas ni sentido alguno propios en lo que se sale de su vida inmediata y de pan ganar, no lo contradice y sigue callando, trabajando, orando y sufriendo. Mas la otra opinión, la única que en realidad hay, la que se expresa y manifiesta, sabe replicar y contradecir.

Pocas mentiras hay en España, de las innumerables que nos envuelven y paralizan, más mentirosas que la mentira de nuestra democracia, entendida como una «oclocracia», una soberanía de las muchedumbres y de las muchedumbres analfabetas. ¡Democracia, donde en la provincia más ilustrada, Álava, llegan casi a la quinta parte, 19,79, los adultos que no saben leer, y en la provincia menos ilustrada, Jaén, pasan con mucho de la mitad, llegando a 65,79, y en España toda son cerca de la mitad de ellos analfabetos! Eso es la analfabetocracia.

Salamanca, enero de 1904.

TRES GENERACIONES

No hace mucho tuve ocasión de asistir, en el comedor de la fonda de una villa de mi país vasco, a una escena profundamente sugerente. Habíanse reunido a comer juntos tres individuos de tres generaciones de una misma familia: padre, hijo y nieto. El anciano, el abuelo, era un casero de la montaña, un honrado labriego, sencillo y sin letras, hablando con dificultad la lengua castellana; su hijo, el hombre maduro, era un «indiano» que, después de haber amasado una fortuna en América, adonde partió muy joven y donde se casó y constituyó familia, regresaba a su tierra natal a ver y abrazar a su anciano padre y darle a conocer el nieto; éste, el jovencito, nieto del primero e hijo del segundo, era un mozo lindo, muy pulcro, muy melindroso, muy bien peinado y que comía con singular limpieza, haciendo todo género de monerías con el tenedor y el cuchillo.

Al pobre viejo, que acompañaba a la comida con copiosos tragos de vino, se le caía la baba, como suele decirse, al verse abuelo de un nieto tan fino y tan señorito, y no cesaba de repetirle enternecido y en no muy buen castellano: «Ya creía que iba a morir sin conocerte.» El «indiano» se encontraba entre su padre y su hijo, entre sus recuerdos y sus esperanzas, pensando Dios sabe en qué, y el mocito comía con toda pulcritud, silencioso, frío, y mirando de cuando en cuando, con aire de aburrimiento, a su abuelo.

Os digo que era escena henchida de significación, y no por lo que decían, sino por lo que callaban los actores de ella.

Al lindo mozo parecía no importarle nada y no prestaba atención alguna al padre de su padre; diríase que entre ellos mediaba un abismo. Me parece que no se le ocurría pensar que el bienestar de que gozaba, la educación que había recibido, todo aquello en que acaso fundaba pretensiones a una superioridad muy discutible, se lo debía al espíritu honrado, sencillo y noble que el anciano casero transmitió a su hijo, el esforzado trabajador que amasó la fortuna.

Recordé al punto una amarga y triste confesión que oí hace algunos años a un pobre hombre que, habiendo amasado también una fortuna en América y habiéndose allí casado y criado hijos, se veía desdeñado por éstos. «Me desprecian —me decía con lágrimas en los ojos—, me desprecian porque hablo mal y porque no sé las cosas que a ellos les han enseñado los maestros pagados por mí para que se las enseñen.» Tuve luego ocasión de conocer a uno de sus hijos y os aseguro que sabía más el padre. Lo que el hijo sabía era hablar de cosas de libros, chapurrear el francés y un poco de inglés, suspirar por París y echar pestes del pueblo de su padre.

Y era de oírle cuando a cada paso comparaba este pueblo con aquel otro en que había él visto la luz. Sus comparaciones eran un portento de superficialidad. Todo se le volvía hablar del encachado de las calles, de los *water-closets*, de los tranvías, de los restaurantes, de los teatros. Para él la civilización se reducía a la urbanización y a las comodidades, y fuera de esto, a ciertas exterioridades en el porte y las maneras. Era estupenda su incomprensión de lo más íntimo de la cultura. Y era, sobre todo, estupenda su falta de sentido poético, su penuria de sensibilidad. Me decía que las piedras viejas no le interesaban.

Sólo la falta de sensibilidad, la carencia de sentido poético, o digámoslo más claro, la frialdad de corazón, puede, en efecto, explicar ciertas cosas. Vienen a dar su vuelta por Europa no pocos americanos hijos de españoles, y los hay de entre ellos que no tienen la curiosidad, ya que no la piedad, de ir a visitar el pueblo de sus padres: París los reclama. En el pueblo de su padre, una pobre aldea perdida entre montañas acaso, no hay bulevares asfaltados ni tranvías eléctricos, y sobre todo, no hay *Moulin Rouge*, ni hay *chez Maxim*. La honda, la penetrante poesía de una de esas aldehuelas no es para todos, ciertamente.

¡Qué hermoso, qué henchido de honda piedad y de íntima poesía es el relato que el gran poeta oriental, Zorrilla de San Martín, nos hace de su visita al pueblo de su padre, allá en la montaña de Santander! Pero es que Zorrilla de San Martín es un poeta, un verdadero poeta, un alma delicada y noble, que guarda el tesoro de una cultura secular.

No soy yo de los aduladores de mi patria; más bien podría reprochárseme cierta acrimonia en la censura de nuestros defectos. Jamás he ocultado nuestras flaquezas; pero cuando topo con alguno de esos mozos lindos a quienes todo se les vuelve hacer ascos y melindres a cuanto por aquí hay, me revuelvo al punto en contra de ellos y en contra de las excelencias que de su tierra nos vienen a contar. Porque ni lo malo nuestro es lo que ellos estiman tal, ni es lo mejor suyo lo que ellos por mejor tienen.

Una vez fue a Bilbao, mi pueblo natal, un vecino de esta ciudad de Salamanca en que escribo y resido, y delante del palacio de la Diputación de Vizcaya, un edificio presuntuoso y pesadote, una mole de arquitectura indefinida, exclamaba: «¡Si tuviéramos una cosa así en Salamanca!» Y lo decía un salmantino que si ha entrado alguna vez en la hermosísima catedral vieja de esta ciudad, habrá sido acompañando a un forastero que deseaba verla.

De las muchas cartas que al cabo del año recibo de espontáneos corresponsales y para mí desconocidos lectores americanos, las más de ellas, la inmensa mayoría, son cartas escritas en un tono benévolo y simpático, animándome a proseguir en mi labor, o cuando me censuran algo, censurándomelo con discreción, buena fe y respeto. Pero no faltan tampoco, aunque en pequeñísima minoría, cartas —las más de éstas anónimas— de un tono insidioso y travieso en que se trata de lanzarme pullas, o mejor dicho de lanzar pullas a esta mi patria, a sus hombres, a sus cosas. Y ¡qué necedades se les ocurren a esos desgraciados graciosos! Hace poco recibí una en que, a vuelta de emplear el honrosísimo calificativo de gallego, en un sentido mezquino y que rebaja al que en él lo emplea y no a aquel a quien se le aplica, me preguntaba si ciertos apellidos españoles, Iglesias, de la Iglesia, etc., proceden o no de la Inclusa, sin son apellidos que se daban a los niños recogidos en el torno de la casa de expósitos.

Si yo fuera un hombre insidioso y de mala leche, como suele decirse, habríale respondido que sí, que esos apellidos y otros muchos fueron en su origen de la Inclusa, y entre ellos, los apellidos de santos, y entre éstos, el apellido de San Martín, tan justamente glorioso en la República Argentina.

En mi país vasco se ha desarrollado de algún tiempo a esta parte, y a favor de la prosperidad material que allí reina, un sentimiento lamentabilísimo y censurable, cual es el de un injustificado desdén hacia aquellos que de otras regiones españolas acuden allá a buscarse la vida trabajando y acrecentando con su trabajo la riqueza del país. Llamándolos «maquetos», dicen de ellos que han ido allá a matar el hambre. Sí, y a matar el hambre de los que así los motejan. Es el tal un razonamiento parecido al del dueño de una fábrica que asevera muy serio que da de comer a cien o doscientos obreros, cuando son ellos los que le dan de comer, y algo más que de comer, a él.

Ese fenómeno del «antimaquetismo», esa mal encubierta hostilidad al forastero o emigrante que viene a trabajar, es un fenómeno que se produce cuando el colaborador en la producción se convierte en concurrente para el consumo, cuando de la siembra y la siega se pasa al reparto de la cosecha. Entonces los hijos de los primeros ocupantes se llaman a engaño y pretenden tener ciertos privilegios, como si se debiera a ellos la fertilidad del suelo. Cualquiera creería que el existir ricos veneros de hierro en mis montañas nativas es un mérito de los que hemos nacido en ellas. Esos «maquetos», esos pobres obreros que han sudado su vida para extraer mineral de las entrañas de mi tierra o en otro trabajo y que así la han enriquecido, son buenos para eso, para trabajar; pero cuando tratan de intervenir en los cargos públicos o de ocupar posiciones socialmente ventajosas, se les echa en cara el que fueron allá a buscarse la comida, es decir, se les echa en cara el que fueron laboriosos.

En cierta ocasión un personaje argentino, ya difunto, buen amigo mío, y a quien le recomendé un emigrante, me escribió una carta llena de interés en que, entre otras cosas, me decía: «Disuada usted de que vengan a gente de carrera; lo que aquí necesitamos son brazos y capitales, no capacidades; doctores sobran por acá en América, y hasta hay repúblicas en las que, como no tienen otra cosa que hacer, inventan revoluciones.» Me expliqué al punto lo que me decía mi amigo y tocayo, y hasta me di cuenta de muchas cosas que él me callaba y yo leía entre líneas. Y recordé la amarga odisea de un médico amigo y paisano mío que tuvo que sufrir no poco por tierras de ultramar y tuvo que sufrir en virtud precisamente de su ciencia y competencia, que eran grandes. Sus distinguidos colegas le ayudaron a pasar tales trances.

¡Adónde me ha traído y por qué erráticos caminos la escena aquella de los tres representantes de tres generaciones de una familia! Y aún me parece verlos: al viejo, haciendo esfuerzos para servirse del tenedor y no echar mano a las viandas como haría en su casa, y al jovencito, cortando la carne con monería y pelando los melocotones con una tan suprema elegancia que daba que reír. Y entre ellos, al rudo forjador de la fortuna, no sé si avergonzándose de tener tal padre o de tener tal hijo, o envaneciéndose de una u otra cosa o de las dos. Y ¡qué bien peinado estaba el mocito! ¡Qué cabellera tan linda! ¡Qué cabeza tan artística por de fuera! Por dentro no sé lo que tendría, pero de seguro que estaba amueblada con las últimas novedades de los libro venidos de París de Francia.

El hombre maduro, el indiano fraguador de fortunas, me pareció un mero término de enlace entre dos generaciones, entre su padre y su hijo. Y me puse a comparar al anciano fuerte y sencillo con el jovencito delicado y desdeñoso. Y aquél, el viejo casero, me pareció mucho más joven que éste; y no ya joven, sino hasta niño. Conservaba a su edad, que pasaría de los setenta, entusiasmo e ilusión por su nieto, acaso de admiración al verle tan pulcro y tan pulido, mientras que el jovencito parecía haber nacido en aburrimiento y llevar sobre su artística cabeza el hastío de los supremos desengaños.

Y aquella reunión de tres generaciones de una familia, ¿por qué se celebraba en el comedor indiscreto de una fonda, ante los ojos extraños? ¿Por qué no en la casería del viejo, en el hogar del indiano? Es que estaba tal vez en lo alto de una montaña adonde había que subir por un sendero pedregoso, acaso lleno de barro a trechos, y ni los delicados pies del nieto estaban hechos sino para el macadamizado, ni sus relucientes botines podían exponerse a una salpicadura de fango. Aquella casa, además, no ofrecería, de seguro, las triviales comodidades de una fonda. No era la vivienda de un país civilizado en concepto del lindo mozo de la bien peinada cabellera, me figuro. Porque estoy casi seguro de cuál era el concepto que de la civilización tenía el tal jovencito melindroso y despectivo. Un concepto ridículo y archisuperficial.

Mientras no desaparezca ese concepto de la civilización que la hace consistir primera y principalmente en comodidades y facilidades para la vida material, en blanduras y molicies de civilización, no se ha adelantado del todo en un pueblo. Muy importante es, no ya la higiene, sino el *confort;* pero hay que convenir en que en un pueblo de higiene descuidada puede el espíritu moverse en más altas y más hondas esferas que en otro pueblo que se riega a diario con agua antiséptica. La higiene misma, con ser cosa indispensable, va convirtiéndose en monomanía y en superstición.

El aforismo dice: *mens sana in corpore sano,* espíritu sano en cuerpo sano, y no *corpus sanum in mente sana;* lo primero es lo primero. Entre los dos extremos, pareciéndome los dos abominables, prefiero a Job en el muladar que no a un caballerete que se baña y perfuma a diario en la butaca de un club de ociosidad.

Bien sé yo que no todos los nietos de nuestros rudos e ingenuos montañeses sienten como el lindo mocito mentado; es más, me complazco en creer que los demás de ellos guarden un culto a su ascendencia, y si no visitan el hogar solariego de donde su sangre mana, será porque no podrán hacerlo o no más que por pereza. Bien sé todo esto; pero no quiero omitir mi protesta contra esos mocetes superficiales y vanos que se nos vienen a desdeñar aquello que son incapaces de sentir, que fundan la superioridad de un pueblo sobre otro en cosas meramente de corteza, y que parecen suponer que los agentes principales de la civilización son el barrendero, el cocinero, el sastre y la bailarina.

Salamanca, marzo de 1907.

SOBRE LA LUJURIA

Cuantas personas vienen de Madrid a este mi retiro de Salamanca, me dicen que pocas veces ha florecido tanto la pornografía en la corte de España. Los teatrillos y aun los teatros grandes se ven infestados por toda clase de cupletistas, bailarinas y heteras de alta y de bajo vuelo. La lujuria pública llega al delirio.

Hace tiempo, en efecto, que los empresarios de teatros vienen quejándose de que su negocio flaquea. El público huye del teatro, donde se aburre oyendo por milésima vez los mismos chistes y las mismas sentimentalidades de sus autores favoritos, a quienes se sabe de memoria. En un tiempo se decía que el género llamado chico mató al grande; después hablaron del género ínfimo, y ahora parece ser que es el *cine* —el cinematógrafo— el que mata a uno y a otro. Y al *cine* se junta toda clase de exhibiciones femeninas, más o menos al desnudo.

Hay quien atribuye esto, en parte, a la ley de represión de la trata de blancas. Como en las casas de tolerancia se prohíbe admitir muchachas menores de veintitrés años, las que se buscan una carrera con sus encantos corporales acuden a los escenarios para hacerse cartel, y se ponen a cantar y representar con mejores o peores aptitudes para ello. De aquí que los teatros se vayan convirtiendo en especie de bolsas o casas de contratación de carne de placer.

¡Y qué escenas, me dicen, se presencian en ellos durante esas funciones a que no puede asistir ninguna

señora que se respete! ¡Qué escenas en esas funciones
para hombres solos! La bestia humana se pone al desnudo. El público brama y aúlla y pide todo género de
contorsiones provocativas cuando las desdichadas bailan
la *machicha* u otra cosa por el estilo. Me han contado
de un espectador que en el delirio de la concupiscencia
exclamaba, devorando con los ojos a la bailadora: «¡Ay,
rica! ¡Todas mis fincas serán para ti!»

Y todo esto coincide, como es natural, con el más horrible amodorramiento del espíritu público. Pocas veces ha estado más acorchada que ahora el alma de nuestro pueblo. Parece no importarle cosa alguna de nada
importante. Aterra su indiferencia frente a los más
graves problemas de la vida social. Diríase que carece-
mos de vida social; lo cual equivale, en el fondo, a care-
cer de civilización.

Y esas dos cosas, el desarrollo de la sensualidad sexual y el acorchamiento de la vida del espíritu, van
de par.

Son no pocos los literatos que siempre que hablan de
libertad no entienden apenas otra cosa que la libertad
de usar de las mujeres de cualquier modo, la libertad
de la licencia sexual, o ese que se llama el amor libre.
Cada vez que el Gobierno trata de poner coto a ese
desenfreno, le reprochan de reaccionario y gazmoño,
como si un espíritu profundo y arraigadamente liberal,
enamorado del progreso y de la libertad de conciencia,
no pudiera ver en ese desenfreno el aliado de la servidumbre.

Sí, la lujuria es aliada de la tiranía. La que llaman
los teólogos moralistas concupiscencia de la carne suele
ahogar la llamada también por ellos soberbia del espíritu. Los hombres cuya preocupación es lo que llaman
gozar de la vida —como si no hubiese otros goces—
rara vez son espíritu independientes y elevados. Viven,
por lo común, esclavos de sus rutinas y de sus supersticiones.

Y ello nada tiene de particular. La obsesión sexual
en un individuo delata más que una mayor vitalidad,
una menor espiritualidad. Los hombres mujeriegos son
de ordinario de una mentalidad muy baja y libres de
inquietudes espirituales. Su inteligencia suele estar en

el orden de la inteligencia del carnero, animal fuerte-
mente sexualizado, pero de una estupidez notable.
Y aquí os hago gracia del cuento de la viuda aquella
que al llamarle la atención sobre el bajo nivel intelectual de un garrido y robusto mocetón con quien iba a
casarse, replicó: «Para lo que yo le quiero...»

Tomad a Don Juan Tenorio, al fanfarrón de Don
Juan Tenorio, y decirme si habéis encontrado en el
mundo de la ficción un personaje más necio y que os
suelte tantas tonterías como él. No hay reunión de
hombres inteligentes y cultos en que se pueda soportar
más de diez minutos a Don Juan Tenorio. Hay que
echarlo a puntapiés. Apesta con sus bravatas y con sus
aires de guapo.

Y estad seguros de que si Don Juan Tenorio hubiera
vivido hasta llegar a edad respetable, habría acabado
en un ser sesudo conservador, defensor del orden social, de la libertad «bien entendida» y de las venerandas tradiciones de nuestros mayores y miembro de cualquier piadosa cofradía.

Un pensador dijo que en aquellos hombres que aman
mucho —refiriéndose al amor a mujer—, ese amor no
es el fin y ocupación principal de su vida, y que lo son
en quienes aman poco. Esto así, a primera vista, parece una paradoja, pero dejará de parecérnosla en cuanto nos fijemos un momento en ella. Los hombres de gran
capacidad espiritual —sea como 100— tienen más capacidad también para el amor —sea 20, lo cual hace el
20 por 100—, mientras aquellos otros de poca capacidad
—sea 20—, aun llenándola casi toda —la mitad de la
supuesta, o sea 10—, con el amor, amarán siempre menos que los otros. Y el sutil dramaturgo inglés Bernardo
Shaw ha dicho que una mujer preferirá siempre la
décima parte de un hombre de primera a la posesión
completa de un hombre vulgar.

Y esto se dice hablándose del amor en su forma más
elevada de afecto cordial. ¿Qué diremos del amor carnal, o mejor dicho, de la voluptuosidad carnal?

Cuando me dicen de un pueblo o de una época que se
distinguen por el desarrollo de la sensualidad y el desenfreno a tal respecto, concluyo siempre que han sido,

o son, pueblo o época de muy bajo desarrollo de la cultura.

La lujuria es para un pueblo un azote acaso peor que el alcoholismo, y sólo comparable al del juego. He conocido borrachos muy inteligentes, y en cambio los lujuriosos que conozco se distinguen por una notable vulgaridad de pensamiento y de sentimiento. (Advierto a los lectores maliciosos —que nunca faltan— que yo no bebo más que agua, siendo lo que los ingleses llaman un *teetotaler*.)

Alguna vez se ha hablado de pueblos castos y borrachos y de otros voluptuosos y abstemios, suponiendo que aquéllos son los del Norte y éstos los del Mediodía, y recuerdo haber leído, creo que en Maeztu, que en la lucha social los pueblos relativamente más castos y más borrachos llevan ventaja a los relativamente menos bebedores y más lujuriosos. Me parece ésta una de esas generalizaciones atrevidas; pero estimando un horrible azote el del alcoholismo, me parece que lleva en sí su propio remedio mucho más que el otro.

Es sensible la enorme cantidad de energía espiritual que se derrocha y desperdicia en perseguir la satisfacción del deseo carnal. La mayor de las ventajas del matrimonio, y son muchas las que tiene, es que, regularizando el apetito carnal, le quita al hombre pruritos de desasosiegos, dejándole tiempo y energía para más altas y nobles empresas. Y me parece muy bien el hijo de Tolstoi cuando pide que los hombres se casen jóvenes, apenas despiertan a la vida sexual, quedando a cargo y cuenta de las dos familias, la de él y la de ella, hasta tanto que el joven matrimonio pueda valerse por sí mismo. Se evitarían así no pocos males y, sobre todo, se les ahorraría a los jóvenes una gran cantidad de energía espiritual.

Y no se crea que adopto esta posición por razones de orden religioso o por preocupaciones contra la carne, no. El ideal ascético me parece recomendable, pero es para hacer hombres fuertes, nobles, de santa y cristiana independencia.

Para ser un buen hombre es preciso ser primero un buen animal, y en esto tiene razón Spencer, pero no tan animal que se ahogue la humanidad.

Vuelvo a repetirlo, y aún me quedan no pocas repeticiones de ello: el desenfreno de la voluptuosidad embota la inteligencia, y uno de los primeros deberes de un hombre es el de hacerse inteligente.

El hombre que se entrega a perseguir mujeres acaba por entontecerse. Las artes de que tiene que valerse son artes de tontería.

Y no se me hable de pasión. La pasión es tan digna de respeto, y a la vez no pocas veces de lástima, como es digna de desprecio la sensualidad. Los hombres sensuales rara vez son apasionados. Don Juan Tenorio era un hombre impasible, y no se le conoció una verdadera pasión.

Guarda la historia el recuerdo de pasiones trágicas, así como la leyenda y la ficción se han enriquecido con relatos, clásicos ya, de pasiones célebres.

Pero ni Otelo, ni Romeo, ni Lorenzo de Segura, ni Simón Botelho, ni el caballero de Grieux, ni, por otra parte, los personajes históricos célebres por sus amores, han sido grandes voluptuosos. La pasión contrariada lleva al claustro o al heroísmo; la voluptuosidad ahogada no lleva más que al aburrimiento o a la bestialidad.

Y lo que me parece lamentabilísimo y triste es que se cifre en la licencia carnal el sentido de la libertad. Debe, más que a los libertinos, a los puritanos la causa de la libertad religiosa y civil de los pueblos. Mientras aquí, en España —hablo de mi patria por ser la que conozco, pero lo de una es aplicable a otras—, mientras aquí no haya un buen número de liberales que se acuesten a las diez, no beban más que agua, no jueguen a juegos de azar y no tengan querida, andaremos mal.

En otras naciones son los partidos llamados avanzados los que más se cuidan de mantener un cierto tono de austeridad, entre cristiana y estoica, en las costumbres públicas, mientras son los conservadores los que abren mano a la licencia ética, que favorece sus planes. Aquí no se distinguen los conservadores por su rigorismo ético, contentándose con cubrir las formas; pero, en cambio, los partidos que se llaman a sí mismos avanzados, defienden, en una u otra forma, la licencia. Lo cual va unido al especial tono de grosería y de vulgaridad que ha distinguido siempre a nuestro progresismo.

Pocas cosas, en efecto, más inespirituales, más zafias, más cándidamente groseras que el progresismo español y sus derivaciones posteriores.

Y así se forma uno de los prejuicios más dañinos, y es el de que cuando se propugna cierto estado de austeridad en las costumbres, se es forzosamente un beato más o menos disfrazado.

Exponía yo una vez a un amigo mis ideas al respecto y me explicó: «Bien, ¿y a quién hacen daño con eso? Ahí tienes un hombre mayor de edad y una mujer mayor de edad también: ¿no han de poder hacer de sí mismos lo que se les antoje? ¿A quién dañan?» Ante esta lógica egoístamente brutal, le repliqué: «Nadie es de sí mismo, sino de la sociedad que lo ha hecho y para la cual debe vivir, y la sociedad puede y debe estorbar que un hombre se embrutezca y se entontezca.»

Ese bárbaro principio antisocial de que cada uno puede hacer de su capa un sayo es una de las causas de nuestra decadencia. El hombre es un producto social y la sociedad debe impedir que se pierda para ella. No basta que uno quiera entontecerse; hay que impedírselo.

¡Desgraciados los pueblos en que florece la lujuria! Serán, al cabo, subyugados irremisiblemente por aquellos otros que, después de reproducirse normalmente, supieron reservar sus energías corporales y espirituales para fines más altos que el de dar satisfacción a la carne estúpida, para el altísimo fin de educar en libertad, en verdad y en nobleza a sus hijos.

Salamanca, marzo de 1907.

SOBRE LA PORNOGRAFÍA

En *La Correspondencia de España*, diario madrileño, de hace dos días, ha publicado Maeztu un artículo interesantísimo y muy justo sobre la Liga antipornográfica.

Empieza por transcribir el duro juicio que al doctor Horton le ha merecido el anuncio ilustrado de un periodiquín titulado *Life (Vida)* que iba a publicarse en Londres.

Dice Horton:

«Apuesto sin miedo a que ninguna persona decente dirá una sola palabra en defensa de semejante publicación. A nadie puede satisfacerle, como no sea un imbécil moral o un cretino de una civilización decadente.

»Salgan a descubierto el editor, los escritores y los dibujantes de esa publicación. Se ruborizarían ante la mirada de sus madres. Cualquiera tertulia de ingleses limpios los rechazaría con repugnancia, después de revestirlos de escarnio. ¿Por qué ha de permitir una gran comunidad como la nuestra que se venda semejante papel? Si las librerías y puestos de periódicos no tienen el talento moral de desecharlo, es preciso que la ley intervenga. Si la ley no pudiere obrar, es necesario que hable la opinión. Un papel de esa clase hace más daño que las mayores inmoralidades en las calles. ¿Por qué apartamos a los enfermos físicos, aislamos los casos infecciosos y destruimos las telas contaminadas? Para salvar de la muerte a la comunidad. Pues un papel como éste es una enfermedad infecciosa; existe para propagar un mal que se basta a destruir las naciones más fuertes. Las gentes que así explotan los elementos dañinos de la humana naturaleza y se dedican conscientemente a corromper la juventud, deben ser encarceladas y aisladas. Son un peligro público.»

Transcrito este juicio del doctor inglés, pasa Maeztu a comentarlo con aplicación a Madrid, haciendo notar que la vida de *Vida* no será larga. Y dice:

«Ustedes creerán que los juicios del doctor Horton se habrán estampado en algún periódico ferozmente reaccionario y clerical. Nada de eso. Los publica *The Daily New*, periódico anticlerical, radical y casi socialista; el más avanzado de los diarios de Londres.»

Y pasa a pedir que se forme en Madrid una Liga contra la pornografía, formada por personas de las más opuestas procedencias políticas.

Hubo una asociación de padres de familia, pero era de padres de familia católicos exaltados, y no limitándose a perseguir la inmoralidad, perseguía la herejía.

El hecho es, triste es decirlo, que en España parece como si la campaña contra el vicio hubiese estado vinculada en los reaccionarios. Y ésta es una de las causas del descrédito del liberalismo entre las personas limpias de corazón. «Tú ya sabes —me decía hace poco un amigo mío y paisano— que yo he sido siempre y soy liberal, y del verdadero liberalismo como tú dirías, del condenado por el *Syllabus* pontificio; tú sabes que soy partidario de la libertad de conciencia, de cultos, de imprenta, etc.; pero, amigo, ¿cómo quieres que me sume aquí a los liberales, si los más de los que adoptan ese nombre son gente de conducta poco limpia?» Y recordé al punto lo que escandalicé a ciertos liberales cuando en un banquete que se me dio en Bilbao dije que el liberalismo no sería eficaz mientras no hubiese un fuerte núcleo de liberales que se acuesten a las diez, no beban más que agua y no tengan querida.

Le sobra razón a Maeztu al decir que no se trata de clericalismo ni de anticlericalismo, sino del vigor físico y mental de las generaciones sucesivas. La voluptuosidad entontece; la castidad y la sobriedad fortifican la inteligencia y el corazón. Siempre he creído, y lo he dicho varias veces, que Don Juan Tenorio era tonto de remate.

El doctor Horton habla en su severo juicio de imbéciles morales y de talento moral. Y así es; la virtud es una forma de inteligencia, y el vicio o es tontería o es locura. Casi todos los borrachos, los mujeriegos y los jugadores que conozco, son gente que carecen del vigor espiritual necesario para dedicarse a nobles empresas, de las que se saca más exquisitos y más profundos goces que de esos pasatiempos viciosos. El desarrollo del juego en un país cualquiera acusa una debilitación mental, y sobre esto he de volver.

Habla Maeztu del triste espectáculo que ofrece Madrid desde hace algún tiempo, con sus semanarios pornográficos y aquellos teatritos y cafés-conciertos en que, mientras una desgraciada cupletista berrea cuatro indecencias enseñando al desnudo cuanto Dios le dio y ella vende, el público, un público, brutal, estúpido y soez, brama como una fiera en celo. Y si tales teatritos se mandaran cerrar, ¡qué no dirían nuestros liberales!

Se pregunta Maeztu si la Liga antipornográfica encontraría oposición, y añade:

«No es posible que encontrase oposición entre los escritores que la habrían combatido hace diez años en nombre del paganismo y de la libertad. La libertad de las opiniones no puede rezar con la pornografía. Y en cuanto al paganismo, aun suponiendo que haya paganos en España, no hemos de tomarlo sólo por un aspecto, si se tuvo alguna vez el aspecto pornográfico. ¿Por qué no hemos de admirar en la civilización pagana el cultivo de la fuerza física? Seamos fuertes, y luego, si hay quien lo desee, declárese pagano.

»Procuremos que nuestros jóvenes lleguen a los veinte años con el mayor vigor posible y que hagan luego lo que les plazca con su fuerza. Pero, ante todo, ¡sean fuertes! Ante todo, ¡que no sean micos!

Esto está muy bien y mucho mejor habiendo salido de la pluma de Maeztu, que es uno de los que han contribuido más a la boga de que goza en España Nietzsche, ese calumniador jurado del cristianismo.

Entre el desgraciado Nietzsche, mal leído y peor comprendido, y el farsante D'Annunzio, con sus paganerías de similor, han ensuciado a no poca de nuestra juventud, que ha buscado apoyo en el primero para sus desaprensiones y en el segundo para sus vicios.

Como sostiene Kidd en sus *Principios de la civilización occidental,* la fuerza motriz del progreso de la cultura, la razón de ser de la civilización humana, es el sacrificio de las generaciones actuales a las generaciones del porvenir, es la preparación del futuro. Y todas esas doctrinas de materialismo moral o práctico no ven más relación que la del presente al pasado. Los pueblos que caen en ella degeneran y no paran hasta la despoblación por la ovariotomía o medios análogos y por el escepticismo.

Desde hace algún tiempo hay un grupo de jovencitos decrépitos, o que fingen estarlo, que a todas horas nos están moliendo los oídos con eso de la vida y repitiéndonos que cuantos pensamos y sentimos de modo opuesto a ellos, somos unos misántropos tétricos, fúnebres y odiadores de la ⁺vida. Su alegría de vivir consiste en decir que la tienen y en gritar de vez en cuando ¡viva la alegría! o ¡viva la licencia! o ¡viva la bagatela! Se parecen algo a los ridículos y ñoños personajes del *Genio alegre,* de los hermanos Quintero, cuya alegría —la de esos personajes, no la de estos autores que son, según mis noticias, dos excelentes muchachos, serios, trabajadores, honrados y limpios moralmente—, cuya alegría, digo, consiste en palmotear, reír y decir que están contentos. Y no son más alegres que yo.

Claro está que la alegría no tiene nada que ver con el vicio, y que éste es más bien triste, como todo lo infecundo; pero no soy yo quien junta esas dos ideas.

Y en cuanto al paganismo, ¡habría que decir tanto de él!...

Una cosa le ha faltado a Maeztu, y es relacionar esa nuestra actitud respecto a la pornografía, y esa absurda concepción que de la libertad aquí priva, con el olvido de lo que el cristianismo es; y por otra parte, relacionar el sentido moral inglés con el vigor que al cristianismo dio allí la Reforma. La moda en España entre los no católicos o los anticatólicos ha sido repetir todas las inepcias y todos los disparates que contra el cristianismo han barbotado los ignorantes, los superficiales, los viciosos, los locos o los desesperados. Se nos ha inundado de librillos anticristianos, traducidos la mayor parte de cualquier autorzuelo pelagatos, librillos al modo de *La religión al alcance de todos*, o cierto centón de desatinos que se titula *Jesucristo no ha existido* o cosa así. Ni siquiera se nos ha dado el pensamiento serio de los no cristianos de espíritu sereno y justo.

La fibra moral anda muy distendida entre nosotros, y abundan los que se creen personas cultas porque se bañan a diario y tienen el alma henchida de inmundicia.

No faltarán hombres de mundo, socios de clubs —el que no puede ser otra cosa es socio de un club— que se sonreirán al leer estas ranciedades de puritano y se dirán: «¡Cómo se conoce que este pobre hombre vive en una vieja ciudad castellana, metido entre sus libros!» Debo advertirles, sin embargo, que, aunque parezca mentira, también yo he estado en París, adonde me importa muy poco no volver.

Y otros dirán: «Pero ¿qué tiene que ver la vida que se llama de sociedad o mundana con todo eso de la pornografía y del vicio?» Sí, ya sé que el baile de salón o el *flirt* mismo no son la orgía; pero yo me entiendo, y ellos también me entienden.

El desarrollo de la pornografía aquí se debe a la falta de altos y fecundos ideales, a la carencia de hondas inquietudes espirituales, a la ausencia de preocupaciones religiosas, a la muerte del romanticismo. Los que han inventado eso de la alegría de vivir y el seudopaganismo de similor, son los mismos que llaman «lata» a cualquier hondo estudio; los que se deleitan con Marcel Prevost son incapaces de leer a ningún pensador serio y profundo.

Las *Claudinas* de Willy, que se han traducido al castellano, obteniendo un gran éxito, están, no corrompiendo en el sentido moral tan sólo, sino entonteciendo a nuestro pueblo. El que se recrea con esas escabrosidades es pura y sencillamente un cerebro de ínfimo grado. Y no digo nada de esos librejos que se escriben para los jovencitos de quince años y para los viejos de setenta.

Una Liga antipornográfica, sí, está muy bien lo propuesto por Maeztu; pero esa Liga debería extenderse a serlo contra toda forma de superficialidad mundana, contra esa funesta propensión a convertirlo en *sport* todo.

Entre el *sportsman* inglés tal como me lo figuro, que busca robustecer la voluntad y el cuerpo, sufriendo privaciones si es preciso, y el ridículo *sportsman* nuestro, cuya esportmanería consiste, más que en jugar, en asistir a juegos y convertirlos en timba, media un abismo. Pero de esta plaga de esportmanería quiero escribir con más despacio en otra ocasión.

Todo ello está íntimamente relacionado: el vicio, la superficialidad, el anticristianismo, la esportmanería y la creencia de que la civilización está en el «retrete», en las calles bien encachadas, en los ferrocarriles y en los hoteles.

«¡Qué español es todo esto!», prorrumpirá alguno, y yo le diré: «¡Ojalá lo fuera!» Desgraciadamente, hoy no lo es, no siendo en alguno que otro rincón, sobre todo allá en mi bendito país vasco, donde, por fortuna nuestra, hay algo parecido al tan injustamente censurado *cant* inglés. Los cínicos nos llaman hipócritas; pero Dios, que ve a unos y a otros, sabrá juzgarnos.

Nadie me quitará mi fe de que sólo los pueblos morigerados son capaces de llenar un glorioso y noble papel humano en la historia, que sólo ellos pueden llevar a cabo obras de duradera civilización. La lujuria, el juego, la embriaguez, entontecen a los pueblos y acercan el hombre al bruto. Si por cada escuela que se abre no se logra cerrar una casa de juego, una casa de prostitución y una taberna, es que la escuela no sirve.

Salamanca, octubre de 1907.

SOBRE DON JUAN TENORIO

Víctor Said Armesto, mozo muy despierto y muy culto, profesor del Instituto de Segunda enseñanza de León, acaba de publicar un libro, el primero y quiera Dios que no el último de los suyos, titulado *La leyenda de Don Juan, Orígenes poéticos de El Burlador de Sevilla y El Convidado de Piedra*. Libro que, aun siendo de erudición y de erudición española, es un encanto.

Y digo esto porque los libros de erudición suelen señalarse en España por lo seco, desabrido e indigesto. Distínguense por la falta de imaginación que en ellos se nota, con lo cual padece la erudición misma. Porque donde la imaginación no interviene, semejantes trabajos se reducen a poco más que hacinamientos de datos y noticias. Con grandísima razón dice Said Armesto, refiriéndose a las investigaciones de Farinelli sobre la leyenda de Don Juan, que «a veces la mucha erudición ahoga». Y añade: «El sobrado acopio de datos suele envolver a la verdad con tal exceso que, si no la sofoca, por lo menos la oculta bajo sus anillos inmensos y vistosos.» Y aquí cabe recordar una vez más aquel dicho alemán de que los árboles impiden ver el bosque. En España, si se exceptúa a Menéndez Pelayo, a Rodríguez Marín y a algún otro, es menester tener gran vocación a ciertos estudios para leer a nuestros eruditos. Sus libros se caen de las manos.

No así este de Víctor Said Armesto. Es, en efecto, un libro que, aunque a trechos un poco machacante y con cierta redundancia de pruebas, se recomienda por

lo vivo de su estilo, por la animación que recorre sus
páginas, el garbo y donaire con que está escrito y cierto gracejo zumbón, muy de cepa gallega —pues gallego
es su autor— que le sazona.

El objeto capital de este libro de que os hablo es
combatir la indicación que dejó caer el hispanista italiano Farinelli de que la leyenda de Don Juan Tenorio
no es originariamente española, sino italiana; que la
fisonomía del Burlador «tiene perfecto colorido italiano» y que sus fuentes «hay que buscarlas en la ferti-
lísima Italia del Renacimiento». Said Armesto lucha
bravamente con Farinelli para reivindicar en favor de
España la originalidad de Don Juan Tenorio, y a mi
juicio el erudito español vence al italiano. Los golpes
que Armesto asesta a las conjeturas y suposiciones de
Farinelli me parecen golpes decisivos. Y al acabar de
leer el libro este de *La leyenda de Don Juan,* el lector
más desprevenido queda convencido, me parece, de que
Don Juan Tenorio es genuina y castizamente español.
De lo que yo, por mi parte, me siento, como español
que soy, muy poco o nada halagado, ya que el tal Don
Juan nunca fue santo de mi devoción.

Y después de leer a Said Armesto nos convencemos
de la españolería de Don Juan. Y aún hay más: y es
que yo, por mi parte, he llegado a presumir que el famoso seductor de doncellas es, dentro de lo español, más
bien gallego que otra cosa, aunque el autor nada nos
diga de esto. La idea general es que Don Juan era
sevillano, y hasta se le ha confundido con aquel famoso
don Miguel de Mañara, de quien dice su epitafio en el
Hospital de la Caridad de Sevilla que fue el «peor hombre que ha habido en el mundo». Pero a mí no me ha
cogido de sorpresa, ni mucho menos, el atisbo de que
Don Juan fuera, más bien que andaluz, gallego.

Desde luego, el nombre Tenorio o Tanoiro es gallego
—y no portugués, como quiere Teófilo Braga— y se ve
usado ya en la primera mitad del siglo XIII. Procede de
la aldea de San Pedro de Tenorio, no lejos de Ponte-
vedra. Said Armesto nos da en su libro una eruditísima
nota sobre los Tenorios, cuya noble casa dejó diversas
ramificaciones, tanto en Portugal como en Sevilla. Pero
yo, por indicaciones que nada tienen que ver con la ge-

nealogía, supongo que, en efecto, si Don Juan no era
gallego, por lo menos corría sangre gallega por sus
venas.

Y esta suposición es mía, no del autor del libro que
me sugiere estas líneas. Said Armesto se limita a decir
que Don Juan era español y muy español. El capítulo
primero de su libro se titula: «Don Juan ¿español?»,
y en el octavo y el último: «Don Juan, español.» Es,
pues, la labor del libro deshacer la duda respecto al
españolismo de Don Juan. Y creo que, en efecto, la
deshace.

Escribe así Said Armesto:

«No es rancia vulgaridad, sino observación muy ati-
nada, el decir que la figura de Don Juan Tenorio arrai-
ga en lo más hondo e ingénito de la raza española.
Brote de nuestro genio creador, fondo poético de nuestra herencia ideal, él es el tipo de la raza que todo lo
arrolla "porque sí", la concreación viva de un estado
de alma nacional y de una época. La vida disipada y
brillante de Don Juan, su majeza vistosa, el despliegue
impetuoso de sus instintos grandes y resueltos, su vivacidad de impresión y su prontitud en la acción, el
recio temple de su alma a la vez jubilosa e imprevisora,
sus restos insensatos y sus frases de provocador cinis-
mo, nos dan la visión neta y profunda de aquellos jóvenes hidalgos cuyo ideal jurídico, dijo Ganivet, era llevar en el bolsillo una carta foral con un solo artículo,
redactado en estos términos breves, claros y contun-
dentes: "Este español" está autorizado para hacer "lo
que le dé la gana" (*Idearium Español*, pág. 64). En tal
sentido tengo para mí que Don Juan y Don Quijote
simbolizan las dos fases de la España antigua, de la
España caballeril, inquieta y andariega, que tenía "por
fueros sus bríos y por premáticas su voluntad". De una
parte, el hidalgo romancesco, el idealista heroico, abne-
gado y sublime, grave en su locura. De la otra, el mozo
aventurero, el calavera alegre, el sensualista desborda-
do, frívolo y truhán. Todo el genio que informaba nuestra alma nacional colectiva se refracta en esas dos figu-
ras. Don Quijote tiene por solar la España castellana,
la central, con su infinito horizonte y sus páramos inmensos, la España tenaz y valerosa, constante en la

adversidad, ascética y sufrida. Don Juan tiene su cuna en la España andaluza, la meridional, la del ardiente sol incentivo de los nervios, la España del rumbo y la guapeza, con su alegría bulliciosa, sin frenos para el amor, imprevisora, traviesa y desmandada, pero siempre hidalga y tan pródiga de su vida como de la ajena. El caballero de la Mancha es un iluso que lleva dentro a un héroe. El caballero sevillano es un hidalgo que lleva dentro a un pícaro.»

Hasta aquí Said Armesto. Pero donde a mi juicio llega a la entraña misma del carácter de Don Juan y de todos los Don Juanes españoles, es al compararlo con el Leontio de Ingolstadt. Voy a reproducir el pasaje, por ser, según creo, lo más profundo y penetrante que el amenísimo libro de Said Armesto contiene. Después de decirnos que el Leontio de Ingolstadt se nos manifiesta sólo como ateo y blasfemo, como negador soez y desatado, añade:

«El Don Juan español no es un blasfemo ni un ateo. Es sencillamente un calavera que, arrastrado por el goce del momento, mira lejana la hora de comparecer ante el juicio inapelable; un mozo sensual, fogoso y aturdido, a quien la razón egoísta del placer no deja tiempo para pensar en lo inmediato de la expiación tremenda. El Leontio alemán para nada se cura del amor y las mujeres. Es sólo un energúmeno, un frío negador, grosero y tabernario. Don Juan, por el contrario, es creyente; pero es un creyente de desenfrenados apetitos y resoluciones prontas, que al entrever la dicha rompe de frente contra toda ley y se lanza a cogerla con apasionado arranque. Don Juan, muy español en esto, no niega nunca el más allá; pero lo remoto de su justicia borra, o por mejor decir aleja, tal idea de su mente.»

Y ahora, antes de pasar a comentar brevemente estas últimas y penetrantísimas palabras, quiero decir que no es el Leontio de Ingolstadt el tipo genuinamente alemán que puede oponerse al Tenorio. Es más bien Werther, el sentimental y romántico. Y como más de una vez se ha comparado a estos dos tipos imperecederos, Don Juan y Werther, mostrando la oposición que hay entre ellos, no he de volver a hacerlo. Mayormente tomando en cuenta que Stendhal lo hizo de manera magistral en su libro *De l'amour.*

Y volviendo al Don Juan español, me parece que de lo mucho que sobre él se ha dicho difícilmente habrá nada más hondo que eso de que nunca niega el más allá, aunque lo remoto de la justicia borra, o por mejor decir, aleja tal idea de su mente.

El Don Juan del «¡Tan largo me lo fiáis!» no es, en efecto, un incrédulo. Afronta a los fantasmas del otro mundo, pero es creyendo en él.

Y he aquí por qué Don Juan me es profundamente antipático y por qué lo creo pernicioso para nuestro pueblo. Es incalculable el daño que nos hacen los viejos Don Juanes arrepentidos.

Si, como el gran poeta portugués Guerra Junqueiro, escribiese yo una *Morte de Don João,* le pondría al que fue seductor de oficio muriendo entre dos frailes, después de haberse confesado y comulgado devotamente y legado su fortuna, no a los hijos de sus desvaríos que pudieran andar por ahí perdidos y sin padre, sino a cualquier convento o para que se digan misas en sufragio de su alma.

Don Juan no ha dudado nunca de los dogmas de la Iglesia en que le educaron, porque jamás ha pensado seriamente en ellos. Su ocupación de perseguir y seducir doncellas no le ha dejado lugar para tales meditaciones, o más bien su incapacidad para meditar en estas cosas es lo que le ha llevado a perseguir y seducir doncellas. Porque en el respecto de la inteligencia de Don Juan no se distingue ni por tenerla penetrante ni inquisitiva. Su conversación es insoportable, no siendo para las mujeres que de él se prendan.

Don Juan, después de pasados los años de su ardiente mocedad, suele casarse y se convierte en un respetable burgués, lleno de achaques y de prejuicios, conservador recalcitrante y hasta neo. Oye misa diaria, pertenece a varias cofradías y abomina de cuantos no respetan las venerables tradiciones de nuestros mayores

Don Juan tuvo en sus mocedades un valor loco e irreflexivo; más que valor, aturdimiento. Anduvo de desafío en desafío, mató a varios y no se arredró de dar cara a fantasmas del otro mundo y convidar a cenar a una estatua de piedra. Pero Don Juan no tuvo nunca el valor sereno y constante de ponerse a examinar sus propias creencias para buscarles fundamento. Cuando se le recordaba el juicio ultramundano, respondía: «Si tan largo me lo fiáis...»; y se decía: ahora no debo pensar en esas cosas; tiempo vendrá para ellas.

Esos son asuntos que no deben traerse en conversación; es de muy mal gusto hablar en sociedad de cosas de religión; a nada conduce romperse la cabeza meditando en la posible suerte futura... Estas y otras frases análogas son muy del gusto de los Don Juanes y de otros que sin serlo se aproximan a ellos por más de un lado. Y lo curioso es que estos Don Juanes aparecen como espíritus fuertes y ánimos esforzados.

Ahí tenéis a Espronceda, que en más de un respecto se nos aparece como un Don Juan, sea o no esto leyenda. Leed el precioso libro *Espronceda*, de Antonio Cortón —un modelo de biografía de un poeta—, y a través de él adivinaréis lo que, de no haber muerto en la flor de sus años, habría llegado a ser el amante de Teresa. Ministro sin duda, y ministro moderado. Porque Espronceda, a pesar de la calentura progresista de su primera mocedad —calentura que fue la causa de que llegara a conocer a Teresa Mancha—, llevó siempre dentro de sí un reaccionario, o mejor dicho, un hombre que no quiso detenerse a sondar ciertos problemas. Su famosa desesperación, a la moda byroniana, era más retórica y literatura que otra cosa. Espronceda no pudo dudar de ciertas cosas, porque jamás pensó en ellas en serio.

Tengo para mí que nuestros Don Juanes, siguiendo al inmortal Don Juan Tenorio, se dedican a cazar doncellas para matar el tiempo y llenar un vacío de espíritu, ya que no encuentran otra manera como llenarlo. No son, como Werther, víctimas de los anhelos de su corazón, sino que lo son de la vaciedad de su inteligencia.

O comparadle si queréis con la otra inmortal creación goethiana, con Fausto, que, hastiado de ciencia y henchido de desencanto, porque ésta no llena su corazón ni satisface sus ansias, trae a Margarita, a la eterna Margarita, a sus brazos. O cae en los de ella, que es lo que más bien sucede, a pesar de las apariencias en con-

trario. Y hay que volver a repasar aquel pasaje sublime, aquel pasaje que es una de las cosas más grandes
y más hondas que se hayan escrito y se escribirán jamás por mano de hombre, aquel pasaje en que Margarita pregunta a Fausto si cree en Dios. ¿Cuándo pre-
guntó Doña Inés a Don Juan si creía en Dios o indagó
de él la manera de su creencia? Aunque me lo aseguren,
yo no lo creo.

Y ese terrible tenorismo o algo por el estilo se nos
quiere presentar por algunos como el triunfo de la des-
preocupación y de la libertad de espíritu. Y a la larga
lo que resulta es que Don Juan queda esclavo del con-
fesor de Doña Inés, digan lo que quieran Tirso, Zamora
y Zorrilla, para no hablar más que de los españoles.

¡Cuánto daría por haber presenciado un encuentro
entre Don Quijote y Don Juan y haber oído al noble
caballero de la locura, al que anduvo doce años enamorado de Aldonza, sin atreverse a abrirle el pecho, lo
que le diría al rápido seductor de Doña Inés! Tengo
para mí que quien lograse penetrar en el misterio de
ese encuentro —porque no me cabe duda de que Don Quijote y Don Juan se encontraron alguna vez— y acerta-
se a contárnoslo tal y como fue, nos daría la página
acaso más hermosa de que se pudiese gloriar la literatura española. Yo sólo sé una cosa, y es que, por desgracia para España, no se vinieron a las manos; no acierto
a adivinar por qué, pues de haberse venido a ellas, no
me cabe la menor duda de que Don Quijote el Burlado
habría acabado de una vez con Don Juan el Burlador,
siendo la primera y única vez que acaba con un hombre.

Y sé algo más, y es cuál fue la ocasión en que se
encontraron nuestros dos hidalgos. Y es que Don Juan
iba a seducir a la sobrina de Don Quijote, a la modosita
y casera y archijuiciosa sobrinica, la cual, si se escan-
dalizaba de las cosas de su tío, se habría derretido de
gusto al oír los requiebros del otro. Y es fácil que,
muerto el caballero, acabara Don Juan, arrepentido de
viejo, por casarse con la sobrina para tener quien le
cuidase en su vejez, aunque esto es dudoso, visto que
no debía ser muy grande su dote. Porque si bien lo que
busca Don Juan viejo es quien le cepille la ropa, le lleve
el caldo a la cama, le ponga bizmas, le dé friegas y le

lea los periódicos para distraerle, tampoco descuida la dote.

Y lo que de todos modos sé de ciencia cierta es que Don Quijote, asqueado, le volvió las espaldas con nobilísimo desdén al Don Juan, creyendo que no debía manchar su lanza en semejante hombre.

Don Juan vive y se agita, mientras Don Quijote duerme y sueña, y de aquí muchas de nuestras desgracias.

Salamanca, enero de 1908.

A UN LITERATO JOVEN

No cabe, mi joven amigo, que nos entendamos; usted habla un lenguaje y yo otro, y nos empeñamos, no sé bien por qué, en no traducirnos. Emplea usted frases de esas que en puro oírlas de labios maquinales han acabado por hacérseme ininteligibles.

Una de ellas es esa de «llegar». Francamente cada vez lo entiendo menos. ¿Qué quiere decir lo de «Fulano ha llegado», «Mengano no llegará», «Es tan tan difícil hoy para un joven llegar», y otros dichos de la misma calaña? ¿Qué es eso de llegar? Llegar, ¿adónde? No hay más que una llegada segura e infalible: la de la muerte. Y ésta es, tal vez, más que llegada, partida.

Contaba Ulises a la hija del rey de los feacios cómo se encontró en el reino de Ades, entre las sombras de las heroínas muertas, con la de Ifimedia. La cual parió dos hijos, Oto y Efialto, que a los nueve años tenían nueve codos de ancho y nueve brazas de alto, siendo los más hermosos que crió la tierra triguera, después de Orión. Estos dos jóvenes gigantes amenazaron armar guerra a los inmortales mismos, y para ello intentaron poner el Osa sobre el Olimpo y sobre el Osa el Pelión, a fin de que el cielo fuese accesible. Y lo habrían conseguido, añadió Ulises, de habérseles colmado la medida de la mocedad. Pero Apolo los mató antes de que les floreciera el vello sobre la boca y bajo las sienes.

¿Intenta usted, mi joven amigo, escalar el cielo, montaña sobre montaña, y teme morirse antes de que la medida de la mocedad espiritual se le colme? Si es así, entiendo lo de llegar; si no, no lo entiendo.

Y ¡ay de usted el día en que se le cumpla eso de llegar! Le empezará el retorno.

Vea aquí por qué tantas veces le he deseado esperanzas que ni se le ajen ni se le realicen, esperanzas siempre verdes y sin fruto siempre, esperanzas en eterna flor de esperanza.

Le duele ser discutido y negado. ¡Ay de usted, si no lo fuese! El día en que llegue usted a ser un valor reconocido por todos, un valor entendido; el día en que se le rindan reverentes los que hoy le discuten, o sus hijos —si ese día triste le llega—, será el de la vejez del alma. Cuando el Dante recorría los reinos de los muertos, sorprendíanse éstos al ver que aquél arrojaba sombra, y por ello sacaban que estaba vivo. Si hubiese dejado de arrojarla, era que había pasado ya el umbral de la muerte, donde toda sombra acaba ante las tinieblas. El día en que usted no haga ya sombra es que habrá entrado en el reino de los inmortales, es decir, de los muertos.

Ya sé qué es a lo que usted aspira, a entrar en este reino de los pálidos ensueños, a la inmortalidad de la muerte. Pero ¿cree usted que la presa vale la caza o la victoria el combate?

Si usted hiere y el herido grita, es que usted está vivo; si no se inmuta siquiera, es que están o él o usted muertos. Probablemente los dos.

El día en que con voz triunfante digan de usted: «¡Ya entiendo a este hombre!», está usted perdido; porque desde entonces no es usted ya suyo, sino de ellos. Desde entonces les dirá usted siempre lo que creían que iba usted a decirles y lo que querían que les dijese.

Tampoco le entiendo del todo, sino muy a cuartas, aquello de que se está buscando. Querrá decirme que se está haciendo.

Dios, además, le libre de encontrarse, quiero decir, de encontrarse hecho. En el momento en que usted haya concluido de hacerse, empezará su deshacimiento. Hay una palabra en latín que significa lo concluido, lo hecho del todo, lo acabado, y es *perfectus*, perfecto. ¡Cuidado con la perfección!

Cierto es que se nos dijo que seamos perfectos como es perfecto nuestro Padre que está en los cielos; pero ésta es una de tantas paradojas como contienen los Evangelios, que están llenos de ellas. La paradoja, en efecto, con la parábola y la metáfora, eran los tres principales medios didácticos del Cristo. Y él nos puso un ideal de perfección inasequible, único modo de que nos movamos con ahínco y eficacia a lo que puede alcanzarse. A la perfección divina no podemos llegar, y precisamente porque no podemos llegar a ella es por lo que se nos da como enseña de llegada.

Me dirá usted que si se busca es en el propio conocimiento y para llegar a conocerse y no a otra cosa, y me recordará al propósito la tan mentada y tan asendereada sentencia délfica. Aún no sé si el conocerse a sí mismo es el principio o el fin de la sabiduría, y el fin de la sabiduría, como todo fin, es cosa terrible; pero pienso que acaso fuera mejor que cambiásemos la sentencia famosa y ya acuñada diciendo: «Estúdiate a ti mismo.» Estúdiate a ti mismo, llegues o no llegues a conocerte, y acaso sea mejor que no llegues a ello, si es que te estudias. Cuanto más te estudies, más te ensancharás y te ahondarás espiritualmente, y cuanto más te ensanches y te ahondes, más difícil te será conocerte.

Y estúdiese usted obrando, en su obra, en lo que haga, fuera de sí. Es muy malo andar hurgándose la conciencia a solas y en lo oscuro. A la luz del día y ante los hombres ponerla al sol y al aire, para que se oree y se ilumine.

Ya otra vez le dije que se anduviese con cuenta con eso de los diarios íntimos, y no me lo entendió usted. Los diarios íntimos son los enemigos de la verdadera intimidad. La matan. Más de uno que se ha dado en llevar su diario íntimo empezó apuntando en él lo que sentía y acabó sintiendo para apuntarlo. Cada mañana se levantaba preocupado con lo que habría de apuntar por la noche en su diario, y no hacía ni decía nada sino para el diario, y en vista de él. Y así acabó por ser el hombre del diario, y éste tuvo poco del diario de un hombre.

Es el mal de toda sensibilidad reconcentrada. Dicen que ocurre a las veces en el análisis químico-orgánico que al tratar de estudiar un compuesto muy complicado y poco estable, en el acto de accionar sobre él con un reactivo se le destruye, y en vez del cuerpo que se busca estudiar y conocer, se encuentra uno con productos de su descomposición. Y así sucede con el análisis psicológico. Y de aquí el que en las más de las novelas llamadas psicológicas encontremos descripciones de estados de conciencia; pero rara vez encontramos almas, almas enteras y verdaderas, como sentimos palpitar y respirar detrás de una frase de obras nada psicológicas. Para verse uno a sí mismo es mejor el espejo que no cerrar los ojos y mirar hacia dentro.

Está usted preocupado con dar una nota personal. Está bien, pero ¿cuál es la nota personal de usted? ¿Lo sabe usted mismo acaso? No es el que habla quien conoce mejor el timbre de su voz. La fisonomía de un río depende del cauce y de las márgenes. Déjese usted ir a la fuerza de su corriente, saltando represas, y no se cuide de lo demás. Así se llega al mar y se queda hecho río.

. . . .

Algo me queda por decirle, no sé bien qué, pero vele aquí que caigo en la cuenta de lo vano que es meterse a consejero, y mucho más de jóvenes. Aquí cuadra aquello de «consejos vendo y para mí no tengo».

Otro que no yo, se aquietaría pensando que se los han pedido, como me los ha pedido usted esta vez. Pero yo sé bien que cuando un joven pide consejos no es sincero casi nunca, y lo que en realidad pide es otra cosa. Lo del consejo no pasa de ser un pretexto. Ya antes de ahora me ha ocurrido con alguno que se me ha revuelto, fingiendo desdén, porque no le dije lo que él esperaba y quería que le dijese. Nadie tiene la culpa de defraudar un falso concepto que de él hayan podido formarse los demás.

Y desde ahora le anticipo que pocas cosas habrán de afligirle más en su carrera que el encontrarse con que aprecian en usted lo que usted menos aprecia en sí y le menosprecian por aquello en que se tiene en sí mismo en más aprecio. El ex jesuita y sacerdote católico Jorge Tyrrell, cuya creciente fama llegara a nosotros, dice en su *Lex Credenti* estas palabras melancólicas:

«En nuestra propia experiencia, ¿qué hay de más triste y desolador que el ser queridos y admirados por cualidades que sabemos no poseer, o por aquellas a que no damos valor o bien nos desagrada tenerlas, y no lograr, por el contrario, atraer a los demás a lo que creemos lo mejor nuestro, ni conseguir interesarlos en nuestros más profundos intereses?»

Observe que en este triste pasaje dice Tyrrell «ser queridos y admirados». ¡Qué dos cosas más distintas! A la edad de usted se busca acaso más la admiración que no el cariño de los demás, y aun aquélla a expensas de ésta; pero llegará día, mi joven amigo, en que sentirá usted sed, y una sed no de la boca, sino de las entrañas todas del alma, de cariño. Anhelará usted ser querido, y Dios le libre de encontrarse entonces presa del más congojoso de los tormentos todos espirituales, cual es el de no poder amar. Triste es no ser querido, pero es más triste no poder querer. Y no faltan almas que quieren amar sin poder conseguirlo, viéndose envueltas en una sequedad que las agosta, ahornaga y resquebraja.

. . . .

¿Qué más me queda por decirle? Algo es, sin duda, pero no doy en lo que ello sea. Esto es lo de siempre; dejamos por decir lo que luego hubiéramos querido decir más. Y como se ha dicho muchas veces, nuestros mejores pensamientos son los que se mueren con nosotros sin que los hayamos formulado. Y acaso, acaso lo mejor nuestro es lo que de nosotros dicen los demás o lo que hacemos decir a los otros. Mis pensamientos germinan en mí y florecen en otros; yo soy un vivero para ellos.

Salamanca, marzo de 1907.

EL CANTO DE LAS AGUAS ETERNAS

El angosto camino, tallado a pico en la desnuda roca, va serpenteando sobre el abismo. A un lado, empinados tormos y peñascales, y al otro lado óyese en el fondo oscuro de la sima el rumor incesante de las aguas, a las que no se alcanza a ver con los ojos. A trechos forma el camino unos pequeños ensanches, lo preciso para contener una docena mal contada de personas; son a modo de descansaderos para los caminantes sobre la sima y bajo una tenada de ramaje. A lo lejos se destaca del cielo el castillo empinado sobre una enhiesta roca. Las nubes pasan sobre él, desgarrándose en las pingorotas de sus torreones.

Entre los romeros va Maquetas. Marcha sudoroso y apresurado, mirando no más que al camino que tiene ante los ojos y al castillo de cuando en cuando. Va cantando una vieja canción arrastrada que en la infancia aprendió de su abuela, y la canta par no oír el rumor agorero del torrente que ocurre invisible en el fondo de la sima.

Al llegar a uno de los reposaderos, una doncella que está en él, sentada sobre un cuadro de césped, le llama:

—Maquetas, párate un poco y ven acá. Ven acá, a descansar a mi lado, de espalda al abismo, a que hablemos un poco. No hay como la palabra compartida en amor y compañía para darnos fuerzas en este viaje. Párate un poco aquí, conmigo. Después, refrescado y restaurado, reanudarás tu marcha.

—No puedo, muchacha —le contesta Maquetas amenguando su marcha, pero sin cortarla del todo—, no puedo; el castillo está aún lejos, y tengo que llegar a él antes de que el sol se ponga tras de sus torreones.

—Nada perderás con detenerte un rato, hombre, porque luego reanudarás con más brío y con nuevas fuerzas tu camino. ¿No estás cansado?

—Sí que lo estoy, muchacha.

—Pues párate un poco y descansa. Aquí tienes el césped por lecho, mi regazo por almohada. ¿Qué más quieres? Vamos, párate.

Y le abrió los brazos ofreciéndole el seno.

Maquetas se detiene un momento, y al detenerse llega a sus oídos la voz del torrente invisible que corre en el fondo de la sima. Se aparta del camino, se tiende en el césped y reclina la cabeza en el regazo de la muchacha, que con sus manos rosadas y frescas le enjuga el sudor de la frente, mientras él mira con los ojos al cielo de la mañana, un cielo joven como los ojos de la muchacha, que son jóvenes.

—¿Qué es eso que cantas, muchacha?

—No soy yo, es el agua que corre ahí abajo, a nuestra espalda.

—¿Y qué es lo que canta?

—Canta la canción del eterno descanso. Pero ahora descansa tú.

—¿No dices que es eterno?

—Ése que canta el torrente de la sima, sí; pero tú descansa.

—Y luego...

—Descansa, Maquetas, y no digas «luego».

La muchacha le da con sus labios un beso en los labios; siente Maquetas que el beso, derretido, se le derrama por el cuerpo todo, y con él y su dulzura como si el cielo todo se le vertiera encima. Pierde el sentido. Sueña que va cayendo sin fin por la insondable sima. Cuando se despierta y abre los ojos, ve el cielo de la tarde.

—¡Ay muchacha, qué tarde es! Ya no voy a tener tiempo de llegar al castillo. Déjame, déjame.

—Bueno, vete; que Dios te guíe y acompañe, y no te olvides de mí, Maquetas.

—Dame un beso más.

—Tómalo, y que te sea fuerza.

Con el beso siente Maquetas que se le centuplican y echa a correr, camino adelante, cantando al compás de sus pisadas. Y corre, corre, dejando atrás a otros romeros. Uno le grita al pasar:

—¡Tú pararás, Maquetas!

En esto ve que el sol empieza a ponerse tras los torreones del castillo, y el corazón de Maquetas siente frío. El incendio de la puesta dura un breve momento; se oye el rechinar de las cadenas del puente levadizo. Y Maquetas se dice:

«Están cerrando el castillo.»

Empieza a caer la noche, una noche insondable. Al breve rato Maquetas tiene que detenerse porque no ve nada, absolutamente nada; la negrura lo envuelve todo. Maquetas se para y se calla, y en lo insondable de las tinieblas sólo se oye el rumor de las aguas del torrente de la sima. Va espesándose el frío.

Maquetas se agacha, palpa con las manos arrecidas el camino y empieza a caminar a gatas, cautelosamente, como un raposo. Va evitando el abismo.

Y así camina mucho tiempo, mucho tiempo. Y se dice:

«¡Ay, aquella muchacha me engañó! ¿Por qué le hice caso?»

El frío se hace horrible. Como una espada de mil filos le penetra por todas partes. Maquetas no siente ya el contacto del suelo, no siente sus propias manos ni sus pies; está arrecido. Se para. O mejor, no sabe si está parado o sigue andando a gatas.

Siéntese Maquetas suspendido en medio de las tinieblas; negrura en todo al derredor. No oye más que el rumor incesante de las aguas del abismo.

«Voy a llamar», se dice Maquetas, y hace esfuerzo de dar la voz. Pero no se oye; la voz no le sale del pecho. Es como si se le hubiese helado.

Entonces Maquetas piensa:

«¿Estaré muerto?»

Y al ocurrírsele esto, siente como que las tinieblas y el frío se sueldan y eternizan en torno de él.

«¿Será esto la muerte? —prosigue pensando Maquetas—. ¿Tendré que vivir en adelante así, de pensa-

miento puro, de recuerdo? ¿Y el castillo? ¿Y el abismo?
¿Qué dicen esas aguas? ¡Qué sueño, qué enorme sueño!
¡Y no poder dormirme!... ¡Morir así, de sueño, poco
a poco y sin cesar, y no poder dormirme!... Y ahora,
¿qué voy a hacer? ¿Qué haré mañana?

»¿Mañana? ¿Qué es esto de mañana? ¿Qué quiere
decir mañana? ¿Qué idea es ésta de mañana que me
viene del fondo de las tinieblas, de donde cantan esas
aguas? ¡Mañana! ¡Ya no hay para mí mañana! Todo
es ahora, todo es negrura y frío. Hasta este canto de
las aguas eternas parece canto de hielo; es una sola
nota prolongada.

»Pero ¿es que realmente me he muerto? ¡Cuánto tar-
da en amanecer! Pero ni sé el tiempo que ha pasado
desde que el sol se puso tras los torreones del castillo...

»Había hace tiempo —sigue pensando— un hombre
que se llamaba Maquetas, gran caminante, que iba por
jornadas a un castillo donde le esperaba una buena comida junto al fogón y después de la comida un buen
lecho de descanso y en el lecho una buena compañera.
Y allí, en el castillo, había de vivir días inacabables,
oyendo historias sin término, solazándose con la mujer,
en una juventud perpetua. Y esos sus días habrían de
ser todos iguales y todos tranquilos. Y según pasaran,
el olvido iría cayendo sobre ellos. Y todos aquellos días
serían así un solo día eterno, un mismo día eternamente
renovado, un hoy perpetuo rebosante de todo, un infinito de ayeres y de todo un infinito de mañanas.

»Y aquel Maquetas creía que eso era la vida y echó
a andar por su camino. E iba deteniéndose en las po-
sadas, donde dormía, y al salir de nuevo el sol reanu-
daba él de nuevo su camino. Y una vez, al salir una mañana de una posada, se encontró a un anciano mendigo
que estaba sentado sobre un tronco de árbol, a la puerta, y le dijo: —Maquetas, ¿qué sentido tienen las cosas? Y aquel Maquetas le respondió, encogiéndose de
hombros: —¿Y a mí qué me importa? Y el anciano
mendigo volvió a decirle: —Maquetas, ¿qué quiere decir
este camino? Y aquel Maquetas le respondió, ya algo
enojado: —¿Y para qué me preguntas a mí lo que quiere decir el camino?, ¿lo sé yo acaso?, ¿lo sabe alguien?,
¿o es que el camino quiere decir algo? ¡Déjame en paz,

y quédate con Dios! Y el anciano mendigo frunció las cejas y sonrió tristemente mirando al suelo.

»Y aquel Maquetas llegó luego a una región muy escabrosa y tuvo que atravesar una fiera serranía, por un sendero escarpado y cortado a pico sobre una sima en cuyo fondo cantaban las aguas de un torrente invisible. Y allí divisó a lo lejos el castillo, adonde había que llegar antes de que se pusiese el sol, y al divisarlo le saltó de gozo el corazón en el pecho y apresuró la marcha. Pero una muchacha, linda como un fantasma, le obligó a que se detuviera a descansar un rato sobre el césped, apoyando en su regazo la cabeza, y aquel Maquetas se detuvo. Y al despedirse le dio la muchacha un beso, el beso de la muerte, y al poco de ponerse el sol tras los torreones del castillo, aquel Maquetas se vio cercado por el frío y la oscuridad, y la oscuridad y el frío fueron espesándose y se fundieron en uno. Y se hizo un silencio de que sólo se libertaba el canto aquel de las aguas eternas del abismo, porque allí, en la vida, los sonidos, las voces, los cantos, los rumores surgían de un vago rumoreo, de una bruma sonora; pero aquí este canto manaba del profundo silencio, del silencio de la oscuridad y el frío, del silencio de la muerte.

»¿De la muerte? De la muerte, sí, porque aquel Maquetas, el esforzado caminante, se murió.

»¡Qué lindo es el cuento y qué triste! Es más lindo, mucho más lindo, más triste, mucho más triste que aquella vieja canción que me enseñó mi abuela A ver, a ver, voy a repetírmelo otra vez...

»Había hace tiempo un hombre que se llamaba Maquetas, gran caminante, que iba por jornadas a un castillo...»

Y Maquetas se repitió una y otra vez y otra vez el cuento de aquel Maquetas y sigue repitiéndoselo, y así seguirá en tanto que sigan cantando las aguas del invisible torrente de la sima, y estas aguas cantarán siempre, siempre, siempre, sin ayer y sin mañana, siempre, siempre, siempre...

Salamanca, abril de 1909.

EL PÓRTICO DEL TEMPLO

DIÁLOGO DIVAGATORIO ENTRE ROMÁN Y SABINO, DOS AMIGOS

ROMÁN.—¿Que nada hemos inventado? ¿Y eso, qué le hace? Así nos hemos ahorrado el esfuerzo y ahinco de tener que inventar, y nos queda más lozano y más fresco el espíritu...

SABINO.—Al contrario. Es el constante esfuerzo lo que nos mantiene la lozanía y la frescura espirituales. Se ablanda, languidece y desmirria el ingenio que no se emplea...

R.—¿Que no se emplea en inventar esas cosas?...

S.—U otras cualesquiera...

R.—Ah, ¿y quién te dice que no hemos inventado otras cosas?

S.—¡Cosas inútiles!

R.—¿Y quién es juez de su utilidad? Desengáñate, cuando no nos ponemos a inventar cosas de ésas, es que no sentimos la necesidad de ellas.

S.—Pero así que otros las inventan, las tomamos de ellos, nos las apropiamos y de ellas nos servimos: ¡eso sí!

R.—Inventen, pues, ellos y nosotros nos aprovecharemos de sus invenciones. Pues confío y espero en que estarás convencido, como yo lo estoy, de que la luz eléctrica alumbra aquí tan bien como allí donde se inventó.

S.—Acaso mejor.

R.—No me atrevía a decir yo tanto...

S.—Pero ellos, ejercitando su inventiva en inventar cosas tales, se ponen en disposición y facultad de seguir inventando, mientras nosotros...

R.—Mientras nosotros ahorramos nuestro esfuerzo.

S.—¿Para qué?

R.—Para ir viviendo, y no es poco.

S.—Es que, además, la ciencia no sólo tiene un valor práctico o de aplicación a la vida mediante la industria, sino que le tiene también ideal y puro...

R.—Sí, es zaguán para la sabiduría, ya que por ella nos hacemos un concepto del universo y de nuestro lugar y valor en él. La ciencia es el pórtico de la filosofía, ¿no es eso?

S.—Sin duda alguna.

R.—¿Y si el templo de la sabiduría tuviese, mi buen Sabino, alguna puerta trasera disimulada en el espesor de sus muros, por donde se pueda entrar en él sin necesitar zaguán ni porche alguno?

S.—Acaso el buscar y columbrar esa puerta hurtada y escondida cueste más trabajo que entrar por el zaguán y esperar allí a que se nos abra la puerta maestra.

R.—Más trabajo tal vez, cierto, pero trabajo más acomodado a nuestras facultades. Lo que para uno es más costoso, es para el otro lo más llevadero, y a la inversa. Y además, si nos empeñamos en entrar en el hogar de la sabiduría por el zaguán de la ciencia, corremos riesgo de quedarnos en éste la vida toda, esperando a que aquél se nos abra, y francamente, amigo, de quedarse fuera, vale más quedarse al aire libre, bajo el cielo y las estrellas, donde el aire nos da de donde quiere y sin rebotes.

S.—Todo eso no son sino achaques de la holgazanería, pretextos de ociosidad.

R.—¿Ociosidad has dicho? Mira, coge y alárgame ese tomo que tienes ahí, a tu derecha; ése, los *Sermones del padre fray Alonso de Cabrera*, que acaban de publicarse en la «Nueva Biblioteca de Autores Españoles». Tráelo. Aquí está, en el primer sermón, en las Consideraciones del Domingo de Septuagésima sobre aquel tex-

to de San Mateo (XX, 6): «¿Por qué estáis todo el día
ociosos?» Oye al buen padre dominico cuando defiende
a los frailes y abades del reproche de que ganan la
comida cantando y todo el año huelgan, recordando la
definición de Santo Tomás, su hermano en religión, de
que el ocio se opone a aquel orden enderezado a conseguir su fin propio. Y como es de esperar, en él reputa
ociosos a todos aquellos que se emplean en conseguir
cosas no conducentes a su fin propio, que es el de sal-
varse. «Si vuestras inquietudes, negocios y desasosiegos os apartan de Dios, ocioso estáis, vagamundo y hol-
gazán sois», dice.

S.—¿Y apruebas eso tú? ¿Tú? ¿Tú?

R.—Yo ni apruebo ni desapruebo nada. Yo sólo digo
que muchos se meten en el porche del templo, no en espera de entrar un día en éste, sino para guarecerse allí
de la intemperie, y porque no resisten ni el toque derecho del sol ni el libre abrazo del aire libre; yo sólo digo
que para muchos no es el cultivo de la ciencia más que
un narcótico de la vida; yo sólo digo que ese delirio con
que se entregan hombres y pueblos a lo que han dado
en llamar civilización, no es sino consecuencia de sen-
tirse desesperados por no poder gozar de los frutos de
la que llamamos barbarie.

S.—¿Y la puerta trasera, la de escape?

R.—Ésa no se llega a descubrir sino después que uno
se ha lavado bien los ojos con lágrimas que suben a
ellos desde el fondo del corazón. «Nace el amor —dice
en sus *Contemplaciones* el Idiota— como las lágrimas
que de los ojos caen al pecho, porque de la inteligencia
nace el amor y cae en el corazón por la fe.» Pero yo
creo que sucede al revés. Todas las grandes obras de
sabiduría han sido hijas de amor verdadero, es decir,
doloroso. Cuando en una obra de ciencia encuentres sabiduría, no te quepa duda alguna de que la dictó una
pasión, una pasión dolorosa y mucho más honda y en-
trañable que esa miserable curiosidad de averiguar el
cómo de las cosas. «Seréis como dioses, sabedores de la
ciencia del bien y del mal», tentó la serpiente a Adán
y Eva cuando éstos languidecían en la felicidad fatal
del Paraíso, libres de dolores.

S.—Y trayendo la cosa acá, a nuestra patria, ¿qué sacas de todo eso? ¿Qué aplicación a nuestro estado? Ya que con tanto y tan injusto y tan pernicioso desdén hablas del pórtico del templo, muéstranos la puerta esa que dices y por la que se entra derechamente y sin tener que hacer antesala en él.

R.—Esa puerta no se la puede mostrar hombre a hombre, sino a lo sumo meterle en deseo de buscarla por sí. Las cosas de experiencia personal e íntima no se transmiten de un hombre a otro hombre. Nos pasamos unos a otros pesetas e ideas, pero no el disfrute de unas ni de otras. Hace pocos días he leído en un libro de Bernardo Shaw este aforismo: «El que puede, hace; el que no puede, enseña.»

S.—Te pareces a los krausistas; todo se te va en propedéutica y prelegómenos.

R.—Fíjate y observa que los que más echaron en cara, aquí, en nuestra España, a nuestros benditos krausistas de hace treinta o cuarenta años el haberse pasado el tiempo en propedéuticas, esos reprochadores se lo han pasado en hacer índices, epílogos, catálogos y fes de erratas. Y váyase lo uno por lo otro. Se han instalado, no en el pórtico del templo, sino en su corral, donde se ocupan en recoger, ordenar y clasificar despojos y mondaduras.

S.—Bueno, y vosotros, los del aire libre, ¿qué hacéis?

R.—Nosotros somos los solitarios, y los solitarios todos se entienden entre sí aun sin hablarse, ni verse, ni siquiera conocerse. Me acompañan en mi soledad las soledades de los demás solitarios. Se habla mucho de solidaridad, y se nos dice que cuantos habitan en el pórtico del templo y tienen allí puestas sus tiendas de mercadería se sienten solidarios entre sí. Sin duda, cada cual envía al parroquiano a la barraca del otro, porque tienen divididos sus géneros y acotados, y se alaban mutuamente sus mercaderías. Conozco el repugnante compadrazgo de los mercaderes del pórtico; pero te aseguro que en el hondón de sus corazones no están más unidos que lo estamos los que vagamos, sin rumbo y sin ventura, por los alrededores del templo, bajo el

cielo abierto, en busca de que una congoja nos abra la
puerta trasera de él, la de escape, la escondida. Y cuando de noche, al cerrar sus tenderetes, se duermen entre
sus cachivaches, créeme que no lo pasan bien, porque
entonces es cuando en el silencio se conocen los unos a
lo otros.

S.—¿Y si un día se les abren de par en par las hojas
de la gran puerta del templo? Porque ellos esperan humildemente.

R.—¿Humildemente? ¡Valiente humildad la suya! Si
fueran humildes, estaban salvados. Pero no sabes tú
bien cómo esos buhoneros y quinquilleros desprecian, o
fingen despreciar, a los mismos que fabrican las menu-
dencias que ellos venden. ¡Humildemente! Si fueran
humildes se les abrirían las puertas del templo.

S.—¿Y si se les abren?

R.—No entrarán en él, tenlo por seguro; no entrarán en él. Su corazón está tan apegado a las chuche-
rías de sus tiendas; está cada uno tan satisfecho de
ser especialista en anillos o en pelotas, o en jabones de
olor o en pitos, o en libros de viejo, que no dejarán sus
tiendas ni para entrar en el templo y ver la cara a Dios.
Son unos avaros, nada más que unos avaros. Y además,
¿qué van a hacer en el templo si han olvidado de cantar los que lo supieron? En el templo no se vocea la
mercancía, sino se canta. Y si entraran en él, el Hijo
del Señor los echaría a latigazos. Que vendan en el
pórtico libros de salmos y los cotejen unos con otros y
los estudien y los corrijan, y los acicalen y los editen;
pero que no entren a cantar con ellos, ¡por Dios! ¿Qué
tiene que ver la una cosa con la otra?

S.—Y sin embargo...

R.—Sin embargo, ese viejo Kempis que ves ahí, sobre mi mesa, texto desnudo y limpio, de batalla, corriente, me ha procurado más alivio y más consuelo que
se lo procuró el suyo a ese señor que ha hecho una edición crítica de él, precedida de doctísima introducción
y seguida de eruditísimas notas, tan vanas unas como
otra. Eso no es sino la concupiscencia morbosa del
saber.

S.—¿Y qué otra cosa quieres que hagan?

R.—¿Qué otra cosa? Desesperarse y contarnos su desesperación o esperanzarse y contarnos sus esperanzas. ¡Cantar!

S.—No todas las aves nacieron para el canto.

R.—Pues las que no nacieron de él, que no canten, pero que tampoco graznen. Y que no hagan lo de la urraca.

Salamanca, julio de 1906.

BERGANZA Y ZAPIRÓN

Después de haber peleado no poco Berganza, el perro, y Zapirón, el gato, comprendieron, de mutuo acuerdo, que debían discutir la paz. Ambos eran filósofos naturales, y como filósofos naturales sabían que la guerra, el zarpazo y el mordisco deben preceder y no seguir a la discusión, al maullido y al ladrido. Los hombres, como filósofos innaturales que son —no sé si contra, sobre o bajo la naturaleza—, vienen a las manos después de haber agotado las lenguas, cuando deberían hacer lo contrario. ¡Cuánto mejor sería que empezásemos por zurrarnos la badana, y cuando tuviésemos los brazos molidos de golpear y el cuerpo molido a golpes, pasáramos a departir y tratar nuestras diferencias! Y esto es así, porque todas nuestras discrepancias de opinión y sentido no son sino pretextos para reñir unos con otros. Riñamos, pues, de antemano, y acaso nos encontremos luego con que se nos da un comino del pretexto.

Berganza y Zapirón, después de haber cobrado aquél de éste unos cuantos zarpazos, y éste de aquél otros tantos mordiscos, pusiéronse a discutir serena y nobiemente. El uno era callejero, casero el otro.

—La calle —dijo Zapirón— es la escuela del vagabundo y de la servidumbre; el arroyo hace esclavos. Vivís allí a merced del que pasa, y tenéis en rigor tantos amos como transeúntes. La calle es la democracia, y la democracia es la servidumbre y es la envidia.

—Y la casa —le replicó Berganza— es la escuela de la ociosidad y del desabrido orgullo; el hogar hace ingratos. Allí, en la casa, te haces insociable. Te apegas a la casa misma, a sus paredes, a sus rincones, no al hombre.

—¡Ay caro amigo Berganza! —exclamó Zapirón—, ¿ignoras acaso que del hombre lo que vale y aprovecha son sus obras, y no él? La casa vale más que quienes la construyeron y que quienes la habitan. Por sus obras es algo el hombre en la naturaleza. Y yo te digo que cuando haya construido duraderas mansiones, desecado pantanos, cortado istmos, unido estrechos, cuando haya hecho habitable la Tierra, desaparecerá, dejando de todas sus invenciones y artificios aquello verdaderamente útil y durable; es decir, aquello de que nosotros, los que él llama irracionales, podamos servirnos. Todo lo demás no sirve sino a su vanidad insaciable. La estufa del amo de mi casa da mucho más calor que su corazón.

—Perro soy; nada perruno estimo serme ajeno —añadió Berganza sentenciosamente.

—¿Lo dices por el corazón humano? —preguntóle el gato.

—No sé por qué lo decía —replicó el perro.

Y Zapirón:

—Costumbres de calle, hablar sin saber por qué ni para qué, hablar por no callar. Para meditar no hay como el calor del hogar.

—Si todos nos quedáramos en casa... —empezó a decir Berganza.

Y Zapirón le atajó con estas palabras:

—La calle te ha enseñado, bien se conoce, a juzgar de las palabras al modo de los hombres. La anfibología es invención humana, no lo dudes, Berganza amigo. El quedarse en casa no implica eso que los hombres por ello entienden, así como el andar por la calle, formar parte de las muchedumbres de la plaza y gritar con ellas en los motines, no es participar de la cosa pública. Desde su casa, y sin salir de ella, puede bien uno gobernar la ciudad.

—Un gato tal vez, pero no un perro —contestó Berganza—. En casa se hacen los dogmáticos y los fanáticos, los solitarios. Vosotros, dejándoos llevar de vuestro felino instinto, convertís el hogar en matorral de acecho, y la ciudad toda no os parece sino selva de caza.

Son muchos los bandoleros públicos, los gatos ladrones del común, que resultan ser a la vez excelentes padres de familia. Las mujeres los absuelven, pues la mujer, a la que le falta el sentido cívico, perdona al que roba a la ciudad para enriquecer a la familia. Y vosotros, los gatos, los caseros, se ha dicho mil veces, tenéis un natural femenino.

—Y vosotros, los perros —replicó Zapirón—, un natural masculino, según eso. Un natural perruno, cínico, impudente. No te oculto que me gusta la mujer más que el hombre; tiene más espíritu de independencia, y aun siendo más débil, es menos servil. La esclava conserva siempre algo más señorial que el esclavo; sabe que puede esclavizar a su amo; siente la fuerza de su debilidad. Y este sentimiento de íntima independencia, de profunda libertad, se robustece en casa. La libertad es doméstica, no cívica; es casera, no callejera.

—¿Lo ves, Zapirón amigo? —exclamó Berganza—, ¿lo ves? Ya salió el dogmático, el apodíctico. ¿Y quieres así que se te quiera? ¿Quieres así conquistar las simpatías de los hombres?

—Nunca he buscado —contestó Zapirón— hacerme simpático a los hombres. Siempre recuerdo lo que decía uno de ellos, a quien llamaron Séneca: «¿Por qué te regocijas de que te alaben esos hombres a los que tú no puedes alabar a tu vez?» No quiero el aplauso del hombre, ya que yo no he de aplaudirle ni puedo en conciencia hacerlo. Veces hay en que de tal modo me asquea su olor, el olor de sus miserias, que tengo que dejar su vivienda, es decir, mi vivienda, y salir a tomar el fresco.

—Ve ahí —le atajó diciendo Berganza— la utilidad de la calle.

—La calle no —replicóle Zapirón—, sino el tejado, en donde hay más luz, más aire, más cielo y más libertad. Cuando me salgo de casa, cuando dejo la cocina, es para pasearme por las alturas, que son más limpias que no esas calles adonde los hombres arrojan sus inmundicias y donde la lluvia cría fango y no flores.

—Sí, y allí —le dijo Berganza sonriendo, es decir, meneando blandamente el rabo— te diviertes en cazar pájaros. El otro día te vi al anochecer cómo desde el borde del tejado, casi tendido en el canalón, acechabas a los vencejos, lanzándoles zarpazos según pasaban casi rozándote en su rápido vuelo. ¿Cogiste alguno?

—Pregunta perruna, amigo Berganza —contestó Zapirón—. ¿Qué si cogí alguno? ¿Y eso qué importa? ¿O es que crees que nosotros los gatos nos ponemos a cazar por amor a la presa, como vosotros los perros? No, para nosotros la caza es juego y no oficio. De un gato no podría hacerse, como de un perro se hace, un lebrel o un perdiguero. La libertad sólo es verdadera libertad en el juego; llevada a oficio, conviértese en servidumbre. No hay más que una manera de ser de veras libre, y es jugar; el buscarse el pan y la presa es siempre, sea como fuere, servidumbre.

—Pero ¿es que crees, Zapirón, que nosotros los perros no jugamos? —replicó Berganza.

—Sí, jugáis —le dijo aquél— los juegos que de los hombres aprendisteis, y jugáis a engañar al hombre y a adularle. Vuestros juegos son juegos de calle. Cuando retozáis unos con otros, me parece veros saltar el aro o andar a dos patas. ¡Andar a dos patas! ¡Ésta es la actitud propia del esclavo! La cara alta, es decir, mirando a los ojos del amo, en espera de la consigna. No, no; hay que llevar la mirada cerca siempre del suelo, pues el suelo es la garantía de la libertad. Espinazo que se pone pino, fácilmente se dobla.

—¡Qué doctrinas, amigo Zapirón —exclamó Berganza—, qué doctrinas! ¿Hay para el gato, hay para el perro acaso algo más noble que tomar al hombre de modelo y acercarse a él? ¿No es acaso el hombre el coronamiento del reino animal?

—Ya sospechaba —le respondió Zapirón desdeñosamente— que tirabas a filántropo. Debí de conocerlo por tu servilismo. ¿El hombre coronamiento del reino animal? Así lo cree él, ¡presuntuoso! Pero el reino, o la república animal mejor dicho, no tiene un coronamiento, sino tantos como especies la componen. Culmina por mil sitios, y por mil asciende. Ahora han inventado los hombres eso del sobrehombre. Pues bien; el ideal del perro debe ser el sobreperro o «supercanis»; el del gato, el sobregato o «supercatus», y no el hombre. Mi esfuerzo debería ser excederme a mí mismo en mi pro-

pia línea, pero no hacerme hombre. Tus remotos ante-
pasados, amigo Berganza, los perros de la selva, antes
de asociarse al hombre, aullaban; se asociaron a él,
pusiéronse a imitarle, intentaron hablar y ladraron.
¿Crees que el ladrido es superior al aullido?

—A nuestros oídos, sí —dijo Berganza.

—A vuestros oídos estropeados por la convivencia con
el hombre —contestó Zapirón—. Pero cuando os duele
de veras no ladráis, sino que aulláis. El ladrido es una
vil imitación. Y acaso a nosotros nos pasa lo mismo con
el maullido. La imitación del hombre es lo que nos pierde a perros y a gatos.

—Bien dicen los hombres, amigo Zapirón —observó
Berganza—, que sois unos ingratos. La ingratitud es
vicio felino.

—¡Ingratitud! ¿Ingratitud has dicho? —prorrumpió
Zapirón con indignado acento—. ¿Ingratitud? Estoy ya
harto de oír hablar de ingratitud. El que acusa de ingratitud a otro suele ser o un hipócrita o un petulante.
Dejémonos, Berganza amigo, de lo ruin que es rendir
beneficios para que nos los agradezcan; dejémonos de
eso, y dime: ¿no crees que la gratitud ni cabe ni puede
caber sino entre semejantes? No basta que se nos haga
un beneficio para que nos sintamos obligados a agrade-
cerlo, es menester que el bienhechor sea semejante
nuestro, es menester que haya comunidad de sentimiento entre su acción y nuestra recepción de ella. ¿Quién
es el hombre, el ridículo y petulante hombre, para acu-
sarnos de ingratitud a los gatos? Bien estaría que se
quejase de mi ingratitud Micifuz —y éste no se queja
de ella—, pero ¿el amo de la casa en que vivo? Cree
hacerme un gran beneficio con dejarme que coma las
sobras y desperdicios de su mesa, y aun se figura, ¡ma-
marracho!, que debo agradecerle más el que alguna vez
me pase la mano por el lomo alisándome el pelo. ¡Yo
soy antipático! ¡Yo soy ingrato! ¿Por qué, dime, he de
tener que agradecerle esas caricias? ¿Es que acaso las
hace por mí? No, las hace por el gusto que en ellas encuentra. Es un goce para su tacto el pasarme la mano
por el lomo, y en el goce lleva su pago. ¿De dónde saca
que deba agradecérselo? No, no hay por qué agradecer
esas caricias, no hay por qué agradecer los aplausos.

Saltas bien el aro, reciben un placer al verte saltar así, y te lo aplauden; es que dan salida a su satisfacción, y en esa satisfacción deben darse por pagados. ¡Agradecer las caricias! ¡Llamarme ingrato! Pero no me sorprende, porque sólo a los jóvenes de la especie humana, sólo a los cachorros del hombre, se les ocurre llamar ingrata a la muchacha que no corresponde a su amor. El hijo del amo de mi casa, que es más feo que Picio y más bobo que el de Coria, llama ingrata a una muchacha que le ha dado cinco veces ya calabazas. Tal es la idea humana de la ingratitud, y como es tal me tengo por honradísimo de que los hombres llamen ingrata a la raza felina.

—Esas teorías, amigo Zapirón —dijo Berganza—, son de las que los hombres llaman anarquistas.

—¡Y dale con los hombres! —le atajó Zapirón—. Los hombres dirán lo que quieran, y yo, amigo Berganza, te digo que ni ésas son teorías ni cosa que lo valga. Y en cuanto al anarquismo, he aquí otra invención humana consiguiente a la del reino animal. Es él, el rey de la creación, el pretendido monarca de los animales, el que ha inventado eso. Pero en nuestra república todo eso varía mucho...

—Bueno, bien, otro día continuaremos —le interrumpió Berganza.

—Sí, veo allí a tu amo que te llama; síguele —le dijo Zapirón—. Yo voy a buscar a Zapaquilda para juntos murmurar del hombre en dulce coloquio amoroso.

—Pero... —empezó a decir Berganza.

Y Zapirón, adivinándole, añadió:

—Sí, nuestros coloquios de amor se cifran en murmurar del hombre. Así son los coloquios todos de los novios. Si ves dos parejas a dos rejas, puedes jurar que éstos hablan de aquéllos, y aquéllos de éstos, y si no hubiera hombre, ¿de qué protestaríamos y murmuraríamos?

—Mira, Zapirón amigo —concluyó Berganza—, cómo tú también necesitas del hombre y vives a él esclavo. Le necesitas para hablar mal de él y echártelas de independiente. Tu zarpazo es más servil que mi lamedura de su mano. Así es el mundo. Adiós, Zapirón; mis respetos a Zapaquilda. Me llama mi amo.

Y se separaron.

NATURALIDAD DEL ÉNFASIS

Nos cuadra empezar por un aforismo perogrullesco, verdadero axioma analítico que se formula diciendo: en los espíritus de naturaleza enfática el énfasis es natural. Proposición que me atrevo a esperar encuentre evidente el lector, pero que me atrevo a suponer también ha de olvidar no pocas veces su evidencia.

Con tanta frecuencia, en efecto, se habla de la naturalidad de un estilo confundiéndola con la sencillez, y suponiendo, con suposición rara vez acertada, que lo sencillo es lo natural.

La primera cuestión es, sin duda, la de saber qué es natural y qué no lo es, y apenas entramos en ella nos encontramos en un laberinto de dificultades.

Al viejo aforismo de que el hábito es una segunda naturaleza lo completó alguien diciendo que la naturaleza es un primer hábito. Y de hecho eso que llamamos la naturaleza de uno es cosa que se forma, deforma, reforma y transforma sin cesar. Y en rigor, de nadie puede decirse cómo es hasta después que ha muerto y al morir ha sellado su personalidad. Lo que empieza siendo adquirido, acaba por ser tan natural como lo congénito.

En general, lo que los críticos y preceptistas franceses llaman «naturel», suele ser lo menos natural que hay, a lo menos para nosotros los españoles, que tenemos, por lo común, una naturaleza diferentísima y en los más de los respectos casi opuesta a la de los franceses. La hermandad latina no es, en este respecto, como en tantos otros, más que un embuste. No puede llamarse hermandad a la influencia debida a la vecindad, e influencia casi siempre perniciosa.

La mezquina y estrecha estética francesa está, en efecto, y ha estado durante mucho tiempo trastornando y estropeando a no pocos de nuestros escritores. Sufrimos el yugo intelectual del pueblo acaso menos «simpático», quiero decir —porque el sentido corriente de simpático es otro— del pueblo que menos se compadece con los demás, que menos capaz es de penetrar en el espíritu de los modos de sentir y pensar de otros pueblos, del pueblo que vive más orgullosamente encerrado en sí mismo. No hay mentira mayor que el exotismo de los escritores franceses que se precian de exóticos. En el fondo de su espíritu, todo francés, por culto que sea, cree que Shakespeare o Calderón son unos bárbaros, cuya función social es dar la primera materia para que un Racine cualquiera haga dramas definitivos. Y cuando juzgan a un autor extranjero, su único criterio seguro y fijo es si es más o menos afrancesado, si se parece más o menos a ellos. En esto Zola, el incomprensivo Zola, aquel hombre de cerebro tan estrecho como grande era su ignorancia, fue un modelo.

En cambio, ved qué estimación de nuestros ingenios más propios y más naturales nos ha venido de Alemania o de Inglaterra. Schlégel puede decirse que descubrió Calderón al público europeo; Schopenhauer, a Gracián, y el *Quijote*, acaso en ninguna parte es mejor y más hondamente sentido que en Inglaterra. E Italia misma, la otra gran nación latina, muestra una más honda simpatía con nuestras cosas espirituales que no Francia.

Uno de los reproches que más comúnmente nos hacen los franceses es el de que somos declamatorios. A lo cual no cabe responder sino: «Bien, ¿y qué?» Ya que no les devolvamos la pelota, reprochándolos de fríos o de intelectuales. Porque tal es la falta del espíritu clásico francés, su intelectualismo. Pueblo de grandes geómetras y matemáticos, que en puro arte llegan a falsificar hasta la emoción.

Cuando se nos reprocha de declamadores recuerdo al punto aquello de que el África empieza en los Pirineos.

Y este recuerdo se me viene entonces a las mientes traído a ellas por el eslabón de un gran declamador, del ardiente y admirable africano Agustín de Hipona. Y me ocurre al punto comparar la declamación del obispo africano con la retórica del obispo francés Bossuet, y pensar que el primero fue un buceador y descubridor de profundidades del alma humana, y el segundo, un mero expositor elocuente de los grandes lugares comunes del galicismo a la francesa.

Decía Sarmiento en el relato del viaje que hizo a España en 1846, que cuando el género clásico francés atravesó los Pirineos y vino a aristocratizar el teatro en España, no pudiendo el pueblo comprender sus bellezas, abandonó un espectáculo extranjero ya para él y se contentó con las corridas de toros, donde al menos no podían perseguirle las tres unidades y donde comprende bellezas que se escapan a los ojos de los clásicos. Se me escapan también a mí, que no soy clásico a la francesa, estas bellezas; pero no dejo de comprender la exactitud de la observación del gran argentino, tan hondamente español. Y acaso hoy sucede que nuestro público se refugia en el género chico huyendo de los nuevos Moratines, una vez agotada la vena del último dramaturgo español.

Claro está que como con la naturaleza es algo que se está continuamente haciendo, hemos de estar trabajando de continuo en nuestro propio natural y buscando fuera de casa elementos con que alimentarlo y mejorarlo. Pero esos elementos nos serán tanto más útiles cuanto mejor los asimilemos, y nos asimilaremos mejor aquellos que más en consonancia estén con nuestra naturaleza. Y la vecindad, a la vez que la analogía de las lenguas, nos ha llevado a buscar nuestro alimento espiritual donde acaso menos deberíamos buscarlo. Todas esas frases de «nieblas hiperbóreas» y «suspirillos germánicos» denuncian un equivocado conocimiento del alma española. La latinidad de Italia, que tan poderosa estalla hoy, se debe en su mayor parte a las lecciones de Alemania.

Estoy seguro de que cuando en España se deje de leer a Zola o a Maupassant se seguirá leyendo a Dickens, y que éste será más popular que aquéllos, en cuanto en esto cabe popularidad.

Aquí entraría una nueva consideración, cual es la de la diferencia que va de la literatura europea, y en general mundial, a las literaturas nacionales, y cómo ingenios de primera en éstas apenas entran en aquélla, y en cambio llegan a la circulación mundial ingenios que figuran en segundo o quinto grado en la estimación de sus compatriotas.

La tabla de valores que el sufragio de los doctos y cultos de un país forma con los ingenios del país mismo sufre un profundo cambio así que esos ingenios pasan las fronteras.

Pero éste es un nuevo o interesantísimo aspecto que debemos dejar para otra ocasión.

Salamanca, octubre de 1906.

CIENTIFICISMO

Il Crepuscolo dei filosofi, de G. Papini, el ya famoso escritor italiano, es uno de los libros de más grata y más sugerente, a la vez que muy instructiva lectura. En él se alía la amena vivacidad de tono con la penetrante precisión del pensamiento. Es, como dice su autor mismo en el prefacio, «un libro de pasión —y por lo tanto, de injusticia—; un libro desigual, parcial, sin escrúpulo, violento, contradictorio, insolente como todos los libros de aquellos que aman y odian y no se avergüenzan ni de sus amores ni de sus odios». No os asuste ni retraiga esto que el autor dice de su propio libro, y si podéis haberlo a la mano, leedlo, y os aseguro que me agradeceréis el consejo.

Componen el libro de Papini seis embestidas tan razonadas como llenas de pasión contra seis filósofos que han llenado con sus nombres el siglo pasado, y son Kant, Hégel, Schopenhauer, Comte, Spencer y Nietzsche. Y acaba con un breve epílogo en que el autor licencia a la filosofía.

Una de las embestidas es, como digo, a Comte, y en ella, después de mostrarnos lo que fue el Gran Sacerdote de la religión de la humanidad con su fe teológica y nada positiva en el poder de la ciencia, inserta un párrafo en que dice: «Su misticismo de matemático enamorado no podía atraer a las muchedumbres y ni siquiera a las clases cultas, las cuales se dejan fascinar más por las capillas ocultistas y teosóficas, y su iglesia, aun cuando tenga un templo en París y algunos vástagos en Inglaterra y en la América del Sur, no se puede llamar verdaderamente mi militante ni triunfante.»

Declaro que no conozco en Sudamérica más que un comtiano activo, y es un fervoroso creyente en la religión del Maestro. Es él un noble ciudadano chileno, que de cuando en cuando me dirige cartas afectuosísimas y llenas de unición humanitarista, amén de unas hojitas de propaganda, con todo lo cual trata de convertirme a la religión de la humanidad. Y alguna vez ha invocado para decidirme mi cualidad de vasco, sin que a mí se me pueda alcanzar qué tenga que ver lo uno con lo otro.

Fuera de este ingenuo y fervoroso misionero chileno conozco una revista positiva, es decir, comtiana, que publica en Méjico don Agustín Aragón, bajo el lema de *Orden y Progreso,* revista en que se cuenta por el calendario comtiano. (Un número que tengo a la vista dice: «10. de Federico de 118 — 5 de noviembre de 1906».)

Aparte de estas dos no conozco más manifestaciones concretas del comtismo de los países hispanoamericanos, pero mis informes indirectos coinciden con los de Papini. He oído, en efecto, que el comtismo logró gran boga en Sudamérica, mucha más que en España, donde en realidad jamás tuvo eco. He oído a un amigo colombiano una porción de noticias respecto a la influencia de las doctrinas de Comte en la formación de los intelectuales de su país.

Y esta relativa boga de Comte no deja de tener relación con el respeto y admiración que se han rendido también por esos pagos —entre los pocos que en todas partes se interesan por estas cosas, se entiende— a otro supuesto filósofo, a quien también zarandea Papini, llamándole «mecánico desocupado», a Heriberto Spencer, a quien el autor del disparatadísimo libro *Raza chilena* —libro escrito por chileno y para los chilenos— le llama «el Filósofo Excelso» —así, los dos términos con mayúscula—, diciendo que los españoles y los italianos estamos inhabilitados para comprenderlo, por lo cual carece de valor cuanto en desdoro de él podamos decir Papini, italiano, y yo, español. Y menos mal que no estamos solos, ni somos solamente italianos

y españoles los que no vemos la excelsitud de la filosofía del «mecánico desocupado». No es español ni italiano, sino yanqui, el prestigiosísimo profesor de Har-
vard William James, el más sutil psicólogo contempo-
ráneo acaso, y le ha dado cada meneo al tal «Filósofo
Excelso»... Y en su tiempo se los dio Stuart Mill, mucho más filósofo y más excelso que él.

No asusta ni sorprende a ningún español ni italiano
medianamente cultos, crea lo que creyere el autor de
Raza chilena, que en una obra de psicología se emplee
casi todo el primero de los tomos en la descripción ana-
tómica y en la fisiología del sistema nervioso humano,
y hasta hay algún pobrecito español, inhabilitado para
comprender al «Filósofo Excelso», que con sus descu-
brimientos en histología del sistema nervioso ha hecho
avanzar la psicología.

El párrafo del flamante autor chileno que escribe no
más que para sus compatriotas —según confesión propia— no es más que una caricatura de una disposición
de espíritu muy frecuente en todas partes, pero mucho
más en los pueblos jóvenes, de cultura incipiente o advenediza —y como advenediza, pegadiza—, y esa disposición es el cientificismo, la fe ciega en la ciencia.

La llamo ciega a esta fe, porque es tanto mayor cuanto menor es la ciencia de los que la poseen.

Es el cientificismo una enfermedad de que no están
libres ni aun los hombres de verdadera ciencia, sobre
todo si ésta es muy especializada, pero que hace presa
en la mesocracia intelectual, en la clase media de la
cultura, en la burguesía del intelectualismo. Es muy
frecuente en médicos y en ingenieros, desprovistos de
toda cultura filosófica. Y admite muchas formas, desde
el culto a la locomotora o al telégrafo hasta el culto a
la astronomía flamarionesca. Los felices mortales que
viven bajo el encanto de esa enfermedad no conocen
ni la duda ni la desesperación. Son tan bienaventurados
como los librepensadores profesionales.

Además de ser inútil querer disuadirlos, yo no sé
bien si hay derecho a arrancarle a un prójimo una dulce
ilusión que le consuela de haber nacido. Y además,
tiene siempre algún mote con que defenderse de nuestros asaltos diabólicos: nos llama «místicos» o «teólo-

gos» o «paradojistas» o, en último caso, «ignorantes».
Y nos confunde. Otras veces siente una profunda compasión por nosotros, los que no sabemos postrarnos ante
la ciencia. Yo me he encontrado compadecido así muchas veces, sufriendo al no poder, a mi vez, en justa
reciprocidad, compadecer al que así se compadeciera de
mí. Pues que mi sentimiento no era de compasión, ciertamente.

Decía William Ellery Channing, el nobilísimo unita-
riano, en uno de sus sermones, y refiriéndose al hecho
tan cierto de que en Francia y en España si se sale del
catolicismo es para ir a dar en el ateísmo, que «las doctrinas falsas y absurdas, cuando son expuestas, tienen
una natural tendencia a engendrar escepticismo en los
que las reciben sin reflexión», añadiendo que «nadie
está tan propenso a creer demasiado poco como aquellos que empezaron creyendo demasiado mucho». Y así
es con el cientificismo.

Augusto Comte, lo ha visto muy bien Papini, tenía
alma de teólogo, y su positivismo es de lo más teológico, en su fondo, que puede darse. Su fe en la ciencia
era una fe teologal y dogmática, nada positiva. Y teológico, y no positivo, suele ser el positivismo de sus
secuaces.

Y sucede que, cuando esas personas que creen demasiado en la ciencia, y más que en ella misma —pues
esta fe está muy bien— en el valor poco menos que ab-
soluto de sus aspiraciones y en que la ciencia hace el
progreso —este otro fetiche— y el progreso la felicidad
humana; cuando estas personas, digo, caen de su burro
y pierden su fe irracional en esa ciencia que o no conocen sino a medias o no conocen del todo, entonces se
vuelven en los más acérrimos desdeñadores de la verdadera y legítima ciencia.

Dice Papini que los mejores discípulos de Comte se
encuentran en las novelas de un gran francés, Gustavo
Flaubert, y que son los señores Homais, Bouvard y
Pecuchet. Sin duda que estos dos inmortales compañeros, así como el estupendo farmacéutico de *Madame Bo-
vary,* son tres de los más típicos representantes del cientificismo; pero hay otro, en la ficción novelesca también,
que no les va en zaga, y es el doctor Pascal, de Zola.

Con la diferencia de que los héroes de Flaubert son caricaturas conscientes, puesto que su padre espiritual era hombre de finísimo sentido y de una muy clara apreciación del valor de la ciencia y hombre de ciencia sólida él mismo, mientras que el héroe de Zola es una caricatura inconsciente, como salido del cerebro de un hombre que padeció de cientificismo en virtud de lo poca y mala que era su ciencia y de lo deplorable y vacuo de su filosofía. Las pretensiones científicas de Zola hacen reír hoy tanto o más que las pretensiones filosóficas de Víctor Hugo. Las sólidas, sensatas y prudentes doctrinas de Claudio Bernard, un científico poco o nada cientificista y un hombre de tanta cautela como imaginación, pasando a través del cerebro simplicista y tosco de Zola, se transformaron en las ocurrencias más pintorescas y fantásticas, como se han convertido en fábulas índicas al pasar por ciertos cerebros las doctrinas sólidas, prudentes y sensatas de aquel hombre tan lleno de buen sentido y de ciencia segura que se llamó Darwin.

MM. Homais, Bouvard, Pecuchet y el doctor Pascal son divertidísimos. No sospechan siquiera que pueda haber otro mundo fuera de aquel en que ellos viven y mueren. Y si lo sospechan, imagínanse que es un mundo de pura fantasía, de ilusiones, de espejismos, cuando no de extravagancias.

Agréguese a todo esto la impertinente suficiencia de la democracia intelectual. Estoy seguro de que más de uno de mis lectores se escandalizan allá para sus adentros, y tal vez para sus afueras, del modo, a su juicio, poco reverente con que he tratado más arriba a Spencer, a Zola y a Víctor Hugo. Y se habrá dicho acaso: «Estos señores que no tiran sino a singularizarse y que acaso tratan de sorprendernos y dejarnos estupefactos, acostumbran tratar con mal encubierto menosprecio a todos los hombres consagrados y reconocidos por el sufragio de sus contemporáneos, y en cambio nos citan con elogio a unos cuantos señores, que deben ser de su cofradía, a los que apenas hay quien conozca.» Y por aquí sigue discurriendo.

El cientificista, en efecto, es un demócrata intelectual. Se imagina que la jerarquía mental se adquiere, como la política, por sufragio y que es la ley de las mayorías la que decide de la genialidad de un hombre, con lo cual no hace sino exaltarse a sí mismo. Porque la base de semejante democracia, y aun de cualquier otra, no es sino la soberbia gratuita, tanto mayor cuanto menos tiene un sujeto de qué ensoberbecerse. No tenemos sino ver que cuando a un pueblo le hacen creer en su superioridad colectiva, los que más se ensoberbecen individualmente de ella son aquellos de sus ciudadanos que tienen menos de qué ensoberbecerse por sí mismos.

De aquí, de esta soberbia gratuita, deriva la íntima satisfacción que experimentan las almas vulgares —y como tales, envidiosas— cuando alguien sale diciendo que los espíritus superiores están trastornados o que los genios no son más que locos. Ha sido la envidia de los no geniales o incapaces de genialidad, ha sido su secreto odio a la superioridad espiritual, lo que les ha hecho acoger con júbilo y aplauso semejante doctrina. Era la envidia lo que en vida de Sarmiento hizo que se le llamara loco. Los que se sentían inferiores a él se vengaban de ese modo.

Sólo una supuesta superioridad reconocen y acatan, y es aquella que han otorgado ellos mismos, aquella que no es sino representativa. Hay cierto número de individuos cuyo prestigio y fama se deben al sufragio de estas inteligencias vulgares y poco comprensivas. Son las celebridades representativas. No son los que se impusieron a la masa intelectual domándola y luchando con ella; son aquellos que la masa hizo a su imagen y semejanza. Y los tres citados, cada uno en su esfera, entran en esta categoría. Las vaciedades sonoras de Víctor Hugo eran, merced a su imaginación poderosamente sanguínea y merced a lo bajo y pobre de su inteligencia, muy a propósito para llenar de admiración al vulgo del espíritu, a la burguesía mental.

Las doctrinas de Spencer están al alcance de la comprensión del hombre más falto de educación filosófica y aun incapaz de recibirla. Y en cuanto a Zola, hay pocas cosas más simplicistas que la especie de psicología rudimentaria que corre por debajo de sus novelas, donde hay algún elemento puramente artístico no destituido de valor. Y así ha resultado que esos tres hombres han sido ensalzados por lo peor de ellos, siendo así que su innegable valor respectivo es a pesar de las cualidades que sus fanáticos han querido atribuirles y no por ellas. Y es natural que no alcanzara la popularidad de ellos ni Leconte de Lisle, ni Stuart Mill, ni Flaubert, y he escogido tres que corresponden por nacionalidad y, hasta dentro de ciertos límites, por época a los otros tres.

Y todo esto ¿qué tiene que ver con el cientificismo?, se me dirá. Pues sí que tiene que ver, y no poco, porque el cientificismo es la fe, no de los hombres de ciencia, sino de esa burguesía intelectual, ensoberbecida y envidiosa de que vengo hablando. Ella no admite el valor de lo que no comprende ni concede importancia alguna a todo aquello que se le escapa. Pero no puede negar los efectos del ferrocarril, del telégrafo, del teléfono, del fonógrafo, de las ciencias aplicadas en general, porque todo esto entra por los ojos. No cree en el genio de un Leopardi, pero sí en el de Edison —otro de los ídolos de esos divertidísimos sujetos.

La ciencia para ellos es algo misterioso y sagrado. Conozco yo uno que adora en Flammarión, en Edison y en Echegaray, que nunca pronuncia la palabra ciencia sino con cierto recogido fervor, y la pronuncia con letras mayúsculas, así: CIENCIA!!! Os digo que la pronuncia con letras mayúsculas. Y el buen hombre —porque fuera de esto es un bendito varón— es incapaz de resolver una ecuación de segundo grado y apenas si tiene más nociones de física, química y ciencias naturales que aquellas que se adquieren en nuestro desastroso bachillerato.

Parodiando una frase célebre, puede decirse que poca ciencia lleva al cientificismo y mucha nos aparta de él. La semiciencia, que no es sino una semiignorancia, es la que ha producido el cientificismo. Los cientificistas —no hay que confundirlos con los científicos, repito una vez más— apenas sospechan el mar de desconocido que se extiende por todas partes en torno al islote de la ciencia, ni sospechan que a medida que ascendemos por la montaña que corona al islote, ese mar crece y se ensancha a nuestros ojos, que por cada problema resuelto surgen veinte problemas por resolver y que, en fin, como dijo egregiamente Leopardi:

> Ecco tutto é simile, e discoprendo
> solo il nulla s'acresce,

o sea:

> Ved que todo es igual, y descubriendo,
> sólo la nada crece.

¿Y no será conveniente que haya en un país un buen golpe de cientificistas? ¿No prestan acaso con su cándida ilusión ambiente y fomento a ciertas empresas? ¿No será el suyo, por ventura, un mal que se torna en bien? Tal vez, yo no lo sé; pero os digo que huyo de ellos como de la peste y que hay pocas gentes que me irriten más y me hagan más perder la paciencia que la honorable cofradía de los MM. Homais, Bouvard, Pecuchet, el doctor Pascal y compañía.

Salamanca, junio de 1907.

ESCEPTICISMO FANATICO

Me dice usted que en la sociedad que le rodea observa cómo el escepticismo se une a la superficialidad de espíritu. Es natural. Esos mocitos de veinticuatro años desengañados de la vida, ni saben lo que es vida ni cosa que lo valga. Y no pueden saberlo porque jamás la emplearon en provecho ajeno.

No sé si usted habrá oído la historia de aquel sujeto que, desesperado de su vida, salió una noche dispuesto a pegarse un tiro. Cuando iba a realizar su fúnebre propósito lo asaltaron unos bandidos, y con intento de robarle lo amenazaron de muerte. Lo natural era que puesto que iba a matarse se dejara matar; pero no fue así, sino que se defendió, y defendiéndose mató a uno de sus asaltantes. Y al encontrarse con que el conservar su vida le costó la vida a otro, sintió el valor de ella, comprada a tan caro precio, y renunció al suicidio.

Si esos mocitos desengañados de la vida hubieran comprado la suya con cualquier sacrificio, no serían escépticos.

Para ellos nadie vale nada: no hay mujer honrada ni hombre que no sea venal. No tienen más sentimiento dominante que el de la vanidad. Lo importante para ellos no es ser, sino parecer que son.

Pero hay algo más terrible, y es cuando esos mozos llegan a un escepticismo intolerante, fanático, agresivo, a un escepticismo dogmático en su antidogmatismo. He conocido escépticos de éstos, escépticos rabiosos. He conocido algunos que se ponían **frenéticos** cuando alguien afirmaba algo, y ellos a su vez afirmaban que no puede afirmarse nada, lo cual es una afirmación como otra cualquiera. El *ignorabimus*, ignoraremos, es un dogma como otro dogma cualquiera, y ha nacido más que de la convicción, de la desesperación científica.

El *ignorabimus* de los agnósticos me parece el *lasciate ogni speranza* que puso el Dante a la puerta de su infierno. La ciencia que está dentro de ese recinto sobre cuya puerta está escrito el *ignorabimus* es una ciencia verdaderamente infernal por lo desesperada y desesperante.

No se fíe usted nunca de la aparente y fingida tolerancia de esos escépticos o agnósticos; somos mucho más tolerantes los que aparecemos dogmáticos y afirmativos. El que dice sí y el que dice no pueden llegar a entenderse mejor que cualquiera de ellos con el que dice: ¿Y yo qué sé? El cual no anda lejos de decir: ¿Y a mí qué se me da?

Usted recuerda, sin duda, aquel famosísimo pasaje de los *Hechos de los Apóstoles*, cuando Pablo de Tarso predicó el Cristo ante el Areópago de Atenas, y aquellos tolerantes y finos agnósticos áticos le oyeron con calma hasta que llegó a hablar de la resurrección de los cuerpos, porque ya entonces no pudieron sufrirle. Era el término a su tolerancia agnóstica.

Es terrible, señor, verdaderamente terrible la rabia saducea. Diríase que en el fondo se sienten desesperados por no poder creer ni poder siquiera querer creer, y cuando se encuentran ante uno que cree o quiere creer, se les desata la bolsa de hiel de la desesperación. Lo suyo es algo demoniaco, ya que dicen que el demonio, como no puede amar, anda tratando de impedir que los hombres amen.

No crea usted que la peor intolerancia es la de los creyentes, no. Ésta podrá tomar formas más agudas y aparentemente más brutales, pero en el fondo es más humana. La peor intolerancia es la intolerancia de eso que llaman razón. Las formas más despiadadas de represión de una creencia cualquiera son las que se han empleado por los que no creían nada y usaban de las creencias ajenas no más que como de arma para **otros** fines. Razones de política y no de religión han hecho singularmente crueles las inquisiciones.

Pero hay otra inquisición mansa y sutil que si no mata con fuego o con calabozo, mata lentamente, con la proscripción social, con el mote de locura, con la burla.

He conocido un hombre de ciencia, pero de verdadera ciencia, un especialista de positivo y reconocido mérito en la materia a que se dedicaba, que ocultaba muchas de sus íntimas creencias por temor de caer en el descrédito y hasta en el desprecio de sus compañeros de profesión. Sufría la terrible imposición de la sequedad espiritual.

Porque fíjese usted en que, en el fondo, lo que más nos irrita no es que el prójimo sepa más que nosotros, posea más ciencia, sino que sea más imaginativo y más sensible.

Es un fenómeno curioso, observado muchas veces, el de hombres de creencia que se refugian en el humorismo y escriben cosas fantásticas, declarando su fantasía, para dar libre suelta a sentimientos cohibidos. Fingen escribir en broma lo que piensan muy en serio. El ilustre Gustavo Teodoro Fechner, médico, físico, psicólogo y filósofo que tan profunda huella ha dejado en diversas ciencias, es un buen ejemplo de esto.

A Fechner le tocó actuar cuando la metafísica estaba desacreditándose, después de las fantasmagorías de los hegelianos, y teniendo como tenía una poderosa imaginación poético-filosófica, una gran facultad metafísica —porque la metafísica tiene tanto de poesía como de ciencia—, tuvo que comprimirla. Sus escritos humorísticos, entre los cuales los hay deliciosos, como _Anatomía comparada de los ángeles_ o aquel titulado _La sombra es viva_, escritos que firmaba con el seudónimo de _Doctor Mises_, son escritos que muestran uno de los más recónditos rincones del alma ingenua y noble de Fechner. Debajo de aquella broma hay mucha seriedad.

Un día le preguntaba yo a un hombre de ciencia por otro hombre de ciencia también, y hubo de decirme: «¡Está perdido!» Y al preguntarle por qué, añadió: «Figúrese usted que se ha dedicado al espiritismo.» «¡Hombre! —le repliqué yo—, así podrá mejor tratar de averiguar por qué hay espiritistas en el mundo, lo

cuál no deja de ser una cuestión interesantísima y muy
científica, sea lo que fuere del valor objetivo del espiritismo, cosa que por ahora no discuto.» Y como el grave
señor quisiera apretarme por algo que él estimaba re-
ducción al absurdo, aduciéndome el ejemplo del fetichismo, yo, que no me achico tan aínas, y menos cuando
topo con estos formidables dogmáticos negativos, le
dije que, en efecto, el no poder hacernos nosotros feti-
chistas, siquiera por un momento, nos impide darnos
una explicación completa y profunda del fetichismo.

Casi todo lo que los sociólogos —¡estos terribles sociólogos, que son los astrólogos y alquimistas de nuestro siglo XX!—, casi todo lo que estos formidables señores escriben sobre los salvajes, peca porque ellos no
son capaces de ser salvajes ni de suponerse tales. Cosa
mucho más difícil, creo, de lo que pudiera creerse.

El hecho de que un niño de siete años no ha sido
adulto de cuarenta y en cambio el hombre de cuarenta
fue niño de siete años, nos lleva a creer que le es a éste
más fácil figurarse a aquél que no aquél a éste. Y sin
embargo, estoy convencido de que a los más de los
hombres de cuarenta años les es punto menos que imposible imaginarse cómo pensaban y sentían cuando tu-
vieron siete años. Creo ser uno de los hombres que
guarda más fresca memoria de su niñez, y sin embargo, cuando no hace mucho escribía *Recuerdos de niñez
y de mocedad,* que acabo de publicar, noté cuánto me
costaba imaginarme la actitud de mi espíritu infantil
ante los espectáculos que se le ponían delante.

Esa especie de agnosticismo severo, que suele dege-
nerar en escepticismo fanático, de ciertos hombres de
ciencia, no suele ser más que «asimpatía», es decir, incapacidad de ponerse en el caso de otro y de ver las
cosas como él las ve.

Y estas gentes forman una especie de masonería tá-
cita y arrinconan con la sonrisa de la lástima y el desdén a los que cruzan la vida persiguiendo al misterio.

Tropieza usted con uno de esos formidables desilu-
sionados y se encuentra con que ellos saben de ciencia
cierta y sin que les quepa duda alguna que al morirnos nos morimos del todo, y que todo eso de que haya,
en una u otra forma, otra vida no es más que inven-

ción de curas, mujerucas y espíritus apocados. Y luego, para consolarle, le salen a usted con aquello de que nada se pierde, sino que se conserva todo transformándose, que los átomos —hablan de ellos como si los hubieran visto— de nuestro cuerpo van a formar otros cuerpos, que nuestras acciones repercuten, y qué sé yo cuántas amenidades más que nos consuelan tanto como consoló a los tísicos el descubrimiento del bacilo de la tuberculosis.

Esos buenos señores han acotado el campo del saber humano diciendo: «Fuera de aquí no hay más que oscuridad y confusión.»

Créame, señor, que por terribles que sean las ortodoxias religiosas, son mucho más terribles las ortodoxias científicas. «A ese médico habría que quitarle el título profesional e impedirle que ejerciera la medicina» —me decía un día un médico, refiriéndose a un compañero suyo—; y como yo le preguntara por qué, me respondió: «¡Por místico!»

¡Místico! He aquí una palabra que a la hora de ahora no sé ya lo que quiere decir ni aun aproximadamente. Me pasa con ella lo mismo que con algunas otras, por ejemplo: modernista, demócrata, progresista. Yo no sé qué es eso de místico. Sólo sé que en boca de algunos es un modo de fulminar a otros.

Por supuesto, terrible y todo como me parece este escepticismo, o mejor aún agnosticismo fanático, le encuentro preferible al escepticismo de que usted me habla, a los desengañados y hastiados de una vida que, como no los engañó, no pudo hastiarlos. El tal escepticismo no pasa de una pedantería ridícula. Y en el fondo no es más que frialdad de corazón.

Peor aún que frialdad, arenosidad de él. Tienen el corazón de arena, no de hielo.

Y esto me recuerda aquella hermosísima poesía de la poetisa inglesa Cristina Rossetti —¡delicadísimo espíritu!— cuando decía: «Cavé y cavé entre la nieve, pensando que las flores jamás nacerían; cavé y cavé entre la arena, y todavía no se me presentó cosa alguna verde. ¡Fúndete, nieve! Soplan los calientes vientos que funden la nieve y deshielan las flores; pero no hay vientos de tierra alguna que saquen verdura de la arena.»

No hay cosa más terrible, en efecto, que la frivolidad, la superficialidad, es decir, la arenosidad. De arena son las almas de esas gentes de mundo cuya única preocupación es lo que llaman vida de sociedad. En país en que esas gentes llegan a predominar, hay que echarse a temblar.

¡Lo que un hombre de pasión y de fe sufre entre esos badulaques! Y sufre tanto más cuanto parezca que de más atenciones le colman. Lo peor del martirio de Don Quijote fue los festejos que tuvo que sufrir de parte de la alta sociedad barcelonesa. Y hay que leer en el estudio que a Burns dedicó Carlyle en su libro sobre los héroes, lo que dice cuando el buen aldeano escocés llegó a ser el niño mimado, es decir, el juguete de la alta sociedad edimburguesa.

El que un hombre se ponga de moda entre tales gentes es lo peor que puede sucederle.

Si usted conoce los maravillosos sermones de aquel hombre de Dios que se llamó Federico Guillermo Robertson, lea el que pronunció el 7 de noviembre de 1852 en Brighton sobre el escepticismo de Pilatos, y lea en general en sus demás sermones cuanto en distintas ocasiones dijo sobre la superficialidad de las gentes de mundo. El egoísmo hay que buscarlo más entre las superficiales gentes de mundo que no entre personas que acaso caigan alguna vez bajo la sanción del Código.

Salamanca, abril de 1908.

MATERIALISMO POPULAR

Estos Carnavales los pasé en Valencia, adonde fui llamado por los estudiantes de Medicina de aquella universidad a tomar parte en un homenaje a Darwin con ocasión del primer centenario de su nacimiento.

La fiesta me parece que resultó muy lucida y fue, sobre todo, una demostración más del amplísimo espíritu de libertad que se va extendiendo por España, y del profundo respeto de nuestros Gobiernos hacia todas las opiniones.

Cuando estuvieron aquí los profesores bordeleses, una de las cosas que más los sorprendió fue ver fijado en la calle un cartel convocando a los republicanos a un banquete en conmemoración del trigésimo sexto aniversario de la proclamación de la República en España. «Pero ¿no es España una Monarquía?», me preguntaban, y luego: «¿Cómo consiente esto el Gobierno?» Y acababan con un *c'est etonnat!* En efecto: en Francia, y en la Francia de hoy, violentamente sectaria, no se permitiría una cosa análoga. Y les sorprendía cuanto les dijimos, respecto a la grande, a la grandísima, a la casi absoluta libertad de enseñar lo que quiera de que el catedrático goza en España. Verdad es que hoy por hoy, digan lo que quieran los irreflexivos que están gritando: «¡Clericalismo! ¡Clericalismo!», España es uno de los países más libres del mundo.

Lo es, por lo menos, por cuanto hace a los Gobiernos y las autoridades.

En la Facultad de Medicina de la Universidad de Valencia se ha fijado, y en el sitio más visible de la casa, una lápida que dice: «A Darwin, los escolares médicos valencianos, en el primer aniversario de su nacimiento, 14 de febrero de 1909.» ¿Permitirían hoy a los estudiantes católicos franceses de una universidad cualquiera de la República poner una lápida a un adalid de la ortodoxia, aunque fuera de los más grandes y más puros?

Si aquí no hay libertad, es abajo, en el pueblo, en las costumbres, en lo social y difuso; no el Gobierno, en las leyes, en lo político. Los Gobiernos son aquí mucho más liberales que el pueblo.

Y esta intolerancia popular lo mismo se ejerce en un sentido que en otro; tan intolerante es en España el librepensador como el católico.

Pocas cosas hay, en efecto, más lamentables, más tristes, que la «librepensaduría» española. Me recuerda una graciosa caricatura francesa, sugerida por las circunstancias por que está atravesando Francia, y cuya leyenda dice: «Aquí no se permite pensar libremente. ¡Aquí hay que ser librepensador!»

Nadie en España ha predicado más que yo la cultura y su difusión, y sin embargo, ocasiones hay en que mi fe en ella desmaya, o por lo menos, en que dudo si será el mejor camino el de enseñar a leer y que lea la gente.

Sí, hay veces en que me pongo a dudar si convendrá que los obreros sepan leer en vista de las cosas que leen.

Basta echar un vistazo al catálogo de alguna de esas bibliotecas populares y enterarse de cuáles son los libros que más se leen.

Entre los libros que mayor tirada han alcanzado en España —y acaso en otras partes— está *La conquista del pan*, de Kropotkine, ese alegato entre fantástico y sofístico que no resiste al más somero examen de quien tenga nociones de economía política. Y otro de los libros que, con gran sorpresa, me he enterado de que se vende mucho para la gente de pueblo es el *Origen de las especies*, de Darwin.

No que yo ponga a la obra capital del sapientísimo, prudentísimo y discretísimo Darwin, junto a la de Kropotkine, no. Darwin fue un espíritu sereno, ponderado, prudente, nada dogmático y nada sectario, un verdadero genio científico. Pero su obra me parece no muy comprensible para obreros, y sobre todo, muy poco amena, porque a aquel hombre singular y eminentísimo le faltó talento literario. Darwin no fue un gran escritor y Kropotkine es un verdadero literato, ameno y vivo.

¿Qué buscan en Darwin los obreros que a Darwin leen? ¿Ciencia? Creo que no. Buscan —hay que decirlo claramente— anticristianismo, no ya anticatolicismo. Y claro, no lo encuentran. Buscan pruebas de que proceden del mono, procedencia que parece halagarlos —sin que a mí me repugne— no más sino porque va contra lo que dicen los curas. Y acaso por algo peor.

Es realmente triste cosa el que hombres que ignoran el teorema de Pitágoras, el modo de resolver una sencilla proporción numérica, la posición y funciones del hígado, la ley de la caída de los graves, la causa de las estaciones, la composición del aire atmosférico, los elementos, en fin, más elementales de las ciencias, se pongan a leer ciertas obras que presuponen esos conocimientos. No buscan ciencia, no; buscan una cierta seudofilosofía a base más o menos científica y con intención manifiestamente anticristiana y hasta antirreligiosa. Y leen cosas tan endebles y tan sectarias como ese lamentable libro sobre los enigmas del universo que escribió Haeckel.

Todo eso de filosofía popular me hace temblar. No hay tal filosofía.

Decía con mucho sentido Ritschl, el gran teólogo, que los ataques que se dirigen al cristianismo a nombre de una supuesta ciencia, no brotan de la ciencia, sino de un cierto sentido religioso pagano que se encubre con ella. Es la concepción religiosa pagana, no la concepción científica, la que los dicta.

En mis frecuentes correrías por ciudades y pueblos, cuando voy de sermoneo laico, suelo tomar a los públicos que me escuchan como materia de experimentos; hago pruebas en ellas y observo cómo responden y reaccionan a mis palabras. Y tengo observado que cada vez que me oyen algo que estiman, aunque equivocadamente, que implica una especie de negación de la inmortalidad del alma y de la existencia de otra vida trascendente a este mundo, rompen a aplaudir. Y estos aplausos me contristan y alguna vez me he revuelto contra ellos.

Si esos aplausos quisieran decir: «¡Bien! ¡Bravo! ¡Éste es un hombre entero! Éste antepone el amor a la verdad, por dolorosa que nos sea, el amor al consuelo»; si quisiera decir esto, el aplauso aún lo aceptaría, aunque con tristeza. Pero no, ese aplauso quiere decir esto otro: «¡Bien! ¡Muy bien! No queremos otra vida; ¡nos basta con ésta!» Y esto me apena, porque es explosión del más envilecedor de los materialismos.

El que uno no crea que haya Dios, ni que el alma sea inmortal, o el que crea que ni hay Dios ni es inmortal el alma —y creer que no la hay no es lo mismo que no creer que la hay—, me parece respetable; pero el que no quiera que los haya me repugna profundamente.

Y precisamente a mí, que llevo esa espina en lo más profundo del corazón; a mí, que no puedo resignarme a volver un día a la inconsciencia; a mí, que tengo sed de eternidad, esos aplausos me trillan el corazón. Que un hombre no crea en otra vida, lo comprendo, ya que yo mismo no encuentro prueba alguna de que así sea; pero que se resigne a ello y, sobre todo, que hasta no desee más que ésta, eso sí que no lo comprendo.

Y luego esas groseras calumnias contra Cristo y el cristianismo; esas inepcias de que van contra la naturaleza y de que han deprimido el espíritu humano, y todo ese aluvión de vulgaridades que tantos pobres hombres se tragan.

Hay en una de esas bibliotecas populares, con que se halaga y seduce los más groseros instintos de las muchedumbres indoctas, un cierto libro, traducido del italiano, según creo, que se titula *Jesucristo no ha existido nunca*, o cosa así. El libro es de lo más deplorable, de lo más huero, de lo más insustancial que cabe. Lo dictó, no el amor a la verdad, sino el sectarismo más desvergonzado. Hablaba yo de él con uno que lo había leído y se había encantado con su lectura, y le decía: «No es que la tesis me escandalice, no; esa tesis de la no existencia histórica de Jesús, de ser un mito, se ha sostenido más de una vez y con razones muy plausibles al parecer, o por lo menos con doctrina —últimamente Karthoff—; pero es una tesis desechada por los más sesudos investigadores, sean cuales fueren sus ideas.» Y me contestó: «Pues lo siento, porque no debió haber existido.» Y yo, es claro, no supe qué decirle a esto.

Esa falta de idealidad, esa sequedad y pobreza de vida interior, que arguye el no anhelar otra vida trascendente; todo este materialismo práctico, contrista el ánimo de quien medita un poco en el valor de la vida humana. Por mi parte, espero muy poco de los pueblos que caen en eso.

Entiéndaseme bien, lo repito: yo no aseguro ni puedo asegurar que haya otra vida, no estoy convencido de que la haya; pero no me cabe en la cabeza que un hombre de veras, no sólo se resigne a no gozar más que de ésta, sino que renuncie a otra y hasta la rechace. Y todo eso de que viviremos en nuestras obras, en nuestros hijos y en la memoria de las gentes, y que todo se renueva y transforma y que contribuiremos a hacer una sociedad más perfecta, todo eso me parecen miserabilísimos subterfugios para escapar de la honda desesperación.

He aquí por qué me causa tristeza el radicalismo de algunas de nuestras masas populares y no espero nada fecundo de él. Al radicalismo popular español, y acaso al radicalismo popular de los demás países llamados latinos, o sea, en rigor, católicos, le falta sustancia y aliento religiosos. El punto flaco de nuestro socialismo, verbigracia, es su confusa noción del fin supremo de la vida individual.

Vamos a mejorar la condición económica del hombre, ¡bien!; vamos a hacer que no haya pobres ni ricos, ¡perfectamente!; vamos a lograr que con un moderado trabajo satisfagamos nuestras necesidades todos, ¡muy bien!; ¿y después? Ya tenemos una sociedad como la que sueñan Bebel o Kropotkine, ¿y qué será de cada uno de nosotros en ella? ¿Cuál será el fin de esa sociedad? ¿Para qué vivimos?

«¡Enriqueceos!», decía el calvinista Guizón a la burguesía católica de Francia. ¡Enriqueceos! ¡Muy bien! ¿Y después, cuando seamos ricos?

País en que las gentes no piensan sino en enriquecerse, es país... no quiero pensar qué país es ése. Baste decir que, por lo menos, yo me moriría en él de frío, de vergüenza, de asco.

Y si me parece repugnante un país en que no hay otra preocupación que la de enriquecerse, más repugnante me parece aquel en que la preocupación dominante sea la de gozar, la de divertirse. Es decir, la de aturdirse.

Un entusiasmo patriótico colectivo, un instinto imperialista, el ansia de influir en los demás pueblos y de sellarlos con el sello propio, es al fin algo. Pero este entusiasmo, este instinto, esa ansia, viven y arden en aquellos pueblos que conservan el íntimo resorte religioso, en aquellos pueblos que guardan por debajo la inextinguible sed de eternidad.

El pueblo que se contenta con esta vida vive, en rigor, a la defensiva, y el que vive a la defensiva acaba por ser absorbido y dominado por los agresivos, por los de instinto dominador. La llamada lucha por la vida sólo es eficaz cuando es lucha por la predominación, no por la conservación. La esencia del ser más que el conato a persistir en el ser mismo, según enseñaba Spinoza, es el esfuerzo por ser más, por serlo todo, es el apetito de infinidad y de eternidad.

Yo no sé qué esperar de pueblos materializados por una larga educación de fe implícita católica, de creencias rutinarias, y en los que parece gastado el resorte interior; esa íntima inquietud que distingue a los espíritus más genuinamente protestantes. No sé qué esperar de pueblos en que siglos de una religión más social que individual, más de rito y ceremonia y exterioridad y autoridad, que no de lucha íntima, los ha llevado a una librepensaduría de indiferencia y de resignación a esta baja vida.

De la superstición de un cielo y un infierno ridículos e infantiles han venido a caer a la superstición de una tierra grosera.

. . . .

Ésta es la principal de mis cantatas. Sé que con ella me hago antipático a muchos, sobre todo a los estetas y paganizantes y a algunos pobres diablos que presu-

men de poetas y andan canturreando a la Vida y a la
Belleza —así, con letra mayúscula una y otra—, a los
neoepicúreos que no conocen a Epicuro, a ciertos sedi-
centes radicales y a otros de otras ganaderías afines;
pero cada cual trae a este mundo su batalla y acaso
esta misma batalla se lleva de él a donde sea. Así, bien
lo sé, me hago cargante a muchos, pero hace tiempo
que me dijo un buen amigo: «Si quiere usted tener
el respeto de las gentes en la segunda mitad de su vida,
pásese la primera mitad haciéndose antipático.»

A lo que se añade para todos esos amenísimos sujetos mi manera de escribir —¡horror!— en esto que
dicen no es estilo, porque no es manera ni está hecho
con acordeón al lado. Precisamente estoy leyendo ahora
a dos escritores, Tucídides y Benvenuto Cellini —en su
propia lengua a cada uno—, que me corroboran en mi
modo de escribir, así, como quien habla o dicta, sin
volver atrás la vista ni el oído, hacia adelante, conver-
sacionalmente, en vivo, como hombre y no como escritor. No quiero que digan de mí que hablo como un
libro; quiero que mis libros, que mis escritos todos,
hablen como hombres. No quiero lascivias acústicas a
costa del calor de lo dicho. Si eso otro es arte —que
no lo es—, me chiflo del arte y me quedo con la vida.

Pero esto es otra cosa que lo que me proponía en
estas líneas. Otra vez tendré ocasión de decir cuatro
lindezas a los ya moribundos modernistas, y sobre todo
a quienes, con absoluta carencia de sentido crítico y de
discernimiento, hayan alguna vez podido tomarme por
tal. Es alusión

Salamanca, marzo de 1909.